名著の話

芭蕉も僕も盛っている

伊集院光

KADOKAWA

名著の話　芭蕉も僕も盛っている

まえがき

古池や蛙飛《かわずとび》こむ水のおと。


……だから何？　というのが、松尾《まつお》芭蕉《ばしょう》と出会ったころの僕の素直な感想。

古い池に蛙《かえる》が飛びこんだんでしょ。

音がしたんでしょ、おそらく。

「……ぽちゃん」

って音がしたのかな？　で？　それが何か？


正直なところ、この句をきいて「さすが俳句の天才松尾芭蕉だ！」などという人のことを「影響されやすい人だなあ」と思っていました。「松尾芭蕉の作品だって言われたから、無理やりそう言ってるんでしょ？」くらいの感じ。

そして今、この句に対する僕の感想は……「天才・松尾芭蕉の宇宙の中にいるようだ！」です。

どうぞ存分に、「思い込みの激しい人だなあ」「他人が芭蕉を祭り上げるものだから、わからないと格好が悪いとばかりに知ったかかましてるなあ」と思ってください。これは自分が受けなければいけない罰ですから。吐いたツバですから。

けれどその後で本書を、まずは最初の、長谷川櫂《はせがわかい》さんとの松尾芭蕉『おくのほそ道』についての対談をお読みいただきたい。俳人で、松尾芭蕉についての著作もある長谷川先生が説明してくださった「古池や」の「や」についての考え方が、僕の松尾芭蕉に対する気持ちをガラッと変えてしまいました。一気に「さすが芭蕉だ！」と言っていた人に対する気持ちまで。

今や「夏草や兵《つわもの》どもが夢の跡」だけでご飯数杯行けるくらい世界に入っちゃいますから。

名著と出会うと、自分の中で何かが変わります。

すでに出会っていた名著も、大きな知と融合することでさらにまた変わります。

コッローディ作『ピノッキオの冒険』にしても、「知ってるよ、映画も観たし、絵本も読んだ。なんならざっとしたストーリーくらいソラで言えるさ」とか思っていたのです。

けれど、ディズニーで映画化されたときにすっかりデオドラントされ、わかりやすく整理整頓《せいとん》された『ピノキオ』ではなく、原作の癖や、その作者の性格の、魅力的なことときたら。

原作の力と、イタリア文学者の和田忠彦《わだただひこ》さんのお話につられて、ついつい僕の中のあまり表に出したくない汚れがいっぱい出てしまいましたが、包み隠さず載せました。

そして、デフォー『ペストの記憶』。前の二冊に比べてあまり馴染《なじ》みのないタイトルかもしれませんが、作者のダニエル・デフォーは『ロビンソン・クルーソー』を書いた人……だそうです。そこから英文学者の武田将明《たけだまさあき》さんに、教わりました。

いま、新型コロナウイルスが蔓延《まんえん》する僕たちの身の回りの状況と、三〇〇年以上前のペスト蔓延の状況をまとめたこの本の共通点の多さ。

こうしてまえがきを書いている間も、「発売時に状況が変わって炎上したらどうしよう！」とか心配している僕と、笑い話から噂話から物語から資料まで、ペストに関するすべてを玉石混淆《こんこう》で作品にぶち込んだダニエル・デフォーとの差がとても興味深いです。

すべての本を既読の方も、まったく知らない方も、皆さんに届くようにまとめたつもりです。本書を手にとっていただいたことを感謝します。

伊集院　光

目次

松尾芭蕉『おくのほそ道』

長谷川櫂 × 伊集院光

蛙飛びこむ宇宙空間

ダニエル・デフォー『ペストの記憶』

武田将明 × 伊集院光

伝染病のすべてをあらゆる書き方で

コッローディ『ピノッキオの冒険』

和田忠彦 × 伊集院光

ピノッキオは死にました。でも……

長谷川櫂 × 伊集院光

蛙飛びこむ宇宙空間

松《まつ》尾《お》芭《ば》蕉《しよう》

『おくのほそ道』

長谷川 櫂　はせがわ かい

俳人。俳句結社「古志」前主宰。朝日新聞「朝日俳壇」の選者を務める。『俳句の宇宙』『古池に蛙は飛びこんだか』（中公文庫）などの著作がある。

松尾芭蕉『おくのほそ道』はこんな名著

『おくのほそ道』は今から三〇〇年あまり前、松尾芭蕉が東国を巡った旅をもとに書いた文章です。原稿用紙にすれば三十数枚の短いものですが、今や『源氏物語《げんじ》』とともに日本を代表する世界文学の傑作と評価されています。それは『おくのほそ道』が単に旅を記録した紀行文ではなく、「人間は時間の猛威の中でどう生きればいいか」という、誰にとっても切実な問題をテーマに芭蕉が書き上げた芳醇《ほうじゅん》な文学作品だからです。

芭蕉が『おくのほそ道』の旅をしたのは元禄《げんろく》二年（一六八九年、四六歳）の春から秋にかけてですが、この旅の三年前、芭蕉は名吟〈古池や蛙飛こむ水のおと〉を詠んで俳句の世界に一大革命を起こしました。この句は俗にいわれる「古池に蛙が飛びこんで水の音がした」という単なる現実描写の句ではなく、「蛙が水に飛びこむ音を聞いて、心の中に古池が広がった」という心の世界を表した句です。この句によって長い間、言葉遊びやダジャレにすぎなかった俳句が心の世界を詠む文学に生まれ変わりました。

この古池の句で切り開いた心の世界を、東国を舞台にして思う存分展開したのが『おくのほそ道』です。芭蕉は明快なテーマと構成を用意してこれに臨みました。書き出しの有名な一文「月日は百代《はくたい》の過客にして、行きかふ年もまた旅人なり」は、今風にいえば「時間は永遠の旅人（百代の過客）である」ということです。つまり時間こそが『おくのほそ道』の最大のテーマなのです。芭蕉にとって旅とは永遠に流れつづける時間の象徴でした。

思えば宇宙のすべては時間とともに無から生まれ、時間とともに無へ消え去ってゆきます。それに伴って人間の世界では時間とともに誕生と死、出会いと別れが繰り返されます。それはこの世界に人間として生まれた以上、逃れられない宿命です。この変転極まりない虚《むな》しい人生をどう生きるか。これが芭蕉が生涯問いつづけた大問題でした。

芭蕉はこの時間と人間の問題について『おくのほそ道』全体を四部構成にして話を進めています。この四部は白河《しらかわ》の関（福島県）、尿前《しとまえ》の関（宮城県）、市振《いちぶり》の関（新潟県）という古代からの大きな三つの関所で分かれます。そのうち第一部は深川《ふかがわ》から遊行柳《ゆぎょうやなぎ》まで、第二部は白河の関から平泉《ひらいずみ》まで、第三部は尿前の関から越後路《えちごじ》まで、第四部は市振の関から大垣《おおがき》までです。

この四部を次々に巡って、芭蕉はまず寺社に詣《もう》でて長旅の安全祈願をし（第一部）、次にみちのくの歌枕の荒れ果てた現状に時間の猛威を実感し（第二部）、変化してやまない宇宙は何一つ変わらないという宇宙観「不易流行」をつかみ（第三部）、人間界を宇宙の高みから眺めるという「かるみ」の人生観に到達します（第四部）。

『おくのほそ道』の旅を終えた芭蕉は残された歳月、この人生観「かるみ」を人生だけでなく文学にも応用しようとしました。しかしどちらもそううまくゆきませんでした。旅の五年後、芭蕉は悩みに満ちたあまりにも人間的な最期を迎えることになります。（長谷川櫂）

「古池に」でなく「古池や」なのはなぜ？

伊集院　長谷川先生から松尾芭蕉について教わったとき、この超有名な句が初めて理解できたと感じられて、途端に『おくのほそ道』が、松尾芭蕉が面白くなったんです。

古池や蛙《かわず》飛《とび》こむ水のおと

俳句を嗜《たしな》んだことのない僕は、この句の何がすごいのかがわかりませんでした。そこで、先生から教えてもらったキーワードが、「古池に」ではない、でした。

この言葉は強烈でした。普通は、古池に蛙が飛びこんで水の音がしたんでしょ、としか思わない。言い訳するわけじゃないけど、僕だけでなくほとんどの人がそういうふうに思うんじゃないですかね。

長谷川　国民的に、そう誤解してきたんです。

古池に蛙が飛びこんで水の音がした。これまで多くの人が、その何が面白いんだ？　と思いながらも、有名だから、褒めてきた。でも、本当はそういう意味の句ではありません。

この句が詠まれた場にいた弟子が、誕生のいきさつを書き残しています。それによると、まず庵《いおり》の外から、蛙が水に飛びこむ音が聞こえてくるんですね。

そこで芭蕉は「蛙飛こむ水のおと」と詠んだ。それからしばらくの間、上に何とかぶせたらいいか、考えるんですよ。

それでやっと「古池や」と置いたんです。つまり、芭蕉は古池を見ているわけでもないし、どこにあるか知っているわけでもない。音を聞いて、自分で心の中に風景を思い浮かべたわけです。

伊集院　下手すれば、この辺りに蛙がいそうな雰囲気くらいは感じたかもしれないけど、見てはいないかも……。でもこの場合の「誤解」って、どういうふうに考えればいいんでしょうね。芭蕉が詠んだ俳句の背景を、いろんな文献などを調べて真実を読み取らなければならないものなのか、それとも自分なりの解釈でもいいのか。どっちなんだろうと。

長谷川　こう読み取らなくちゃいけないと決めつけるのは、よろしくないですよね。自由に解釈してもちろんいいのだけど、自分の解釈に何かひっかかりを感じることも大事なんです。

「古池や」を「古池に」と解釈したら、普通すぎますよね。それだと、この句がなぜ昔からこんなにもてはやされて、世界的に有名なのかがまったくわからない。

伊集院　先生が「古池や」の「や」にひっかかって、そのあと、裏付けになるような書物が出てきたときの、嬉《うれ》しさたるやないでしょう？

長谷川　びっくりしましたよ。ちゃんと書いてあるんだから。そうなると、こうとしか考えられない、と解釈が絞られてくるんですね。

伊集院　面白いなぁ。先生がひっかかりを感じて、「に」ではない理由が絶対あるはず

だと。それで調べてみて、裏付けが取れる。

　そのときに、時を超えて芭蕉とつながる感じがあるんでしょうね。先生が言われたように解釈は自由だけど、実際どうだったのかという裏付けが取れるのは、気持ちいいですね。

長谷川　そうです。やっぱり、してやったりという感じがします。

伊集院　先生の解釈を聞いて、句のイメージも、がらっと変わったんです。

　それまでは、芭蕉が古池の畔《ほとり》に座っていて、あっ、蛙飛びこんだな、いい音したなというイメージだった。でも先生の解釈を聞いてから、真っ暗な脳みその中に、波紋だけあるような感じがして。

長谷川　そのイメージ、すごくいいですね。アンドロメダ星雲みたいなものなんですよ。

伊集院　蛙が古池に飛びこむ。芭蕉がそれを見ながら、「ぽちゃんって音がしたなあ」と思うという映像は、すぐに撮影できる。

僕から言わせれば、これだとハイビジョンのカメラさえあればよくて、俳句はいらなくなっちゃうんです。でも先生の解釈のように、映像として撮れないものを詠んでいるとなると話が違ってきますね。もしかしたら人間は、映像を手に入れちゃったから、言葉の解釈のしかたを忘れてしまったところがあるかもしれないとすら思います。

僕自身、どんなに高性能のカメラができても、話芸は勝つ、って思いたいんです。カメラでは撮ったそのまま、映ったそのままでしか伝わらない。人間の目の能力を超えたカメラは、見た以上を映すかもしれないけど、空気感？　雰囲気？　は、なくなっている。一〇〇あるとすれば八〇ぐらいしか伝わらないかもしれない。

でも話芸は、磨いていけば五〇〇％伝わるかもしれないって思うんです。実際、松尾芭蕉って、十七文字にした上に、ハイビジョンに映らないすべてを映すようなすごさがあります。

長谷川　俳句の世界では、たしかに江戸時代ぐらいまで、見えないものを言葉で写すということを普通にやっていたと思うんですね。

ところが明治になって、正岡子規《まさおかしき》という人が出てきて、俳句は目に見えないものを詠んではいけない、ちゃんと目に見えるものを描けという写実主義を唱えた。そのために、言葉になっているのは全部目に見えるものだという、ひとつのフィクションができあがったんです。

伊集院　でもそれをやっちゃうと、カメラに負ける？

長谷川　負けますよね。もともと言葉というのは、心から出るものでしょう。目に見えようが見えまいが、心が思い描いたものを写すのが言葉なのだから、昔の俳人は映像を遥《はる》かに超えているわけですよ。

今の俳人はそこから考え直さないとなかなか難しい。これは俳句だけの問題じゃなくて、文学全体にそういう性癖があるんです。

伊集院　文学だけでなく、表現全体がそうなっている気がします。たとえば「でっかいゴキブリがいたんだよ」ということを「三センチ」とか「四センチ」とか言っちゃうと、「ああ、その大きさね」で、想像力が働かないじゃないですか。でも自分の主観で、「スリッパぐらいでかく見えた」と言ってもいいんですよね。「富士山が大きい」というのは、何メートルあるかじゃないから。

長谷川　そのとおりですよ。大詩人とそうでない詩人の見分け方が一つあって、凡庸な詩人は正確に描こうとするわけ。たとえば白髪が何センチ伸びたとかね。中国の李白《りはく》のような大詩人だったら、「白髪三千丈」と言っちゃうんです。

伊集院　大詩人は「三千丈（約九〇〇〇メートル）」って感じたわけですよね。

長谷川　そういうふうに言うことによって、白髪が伸び切って、自分がそれくらい年とってしまったという驚きが出てくる。もうどうしようもない、という感じが出てくるんですね。

伊集院　古池の音をマイクで録音できてれば、実際のボリュームから音質からいろいろわかるんだろうけど、芭蕉の耳で聞きとった音にプラスして芭蕉が脳内に描いたイメージをすべて記録することは、最新の記録機器でもできない。

僕は、そのへんに表現のヒントがあると思うんです。いま新しいものをつくろうとして、みんなはどんどんハイテクを追いかけていくけれど、むしろみんなの捨ててきたものに大事なものがあるような気がするし、僕はそっちの表現で出し抜きたい。解像度が高い映像は、切りがないですから。

長谷川　日本人ってずっと昔から、伊集院さんが言ったような考え方だったんです。平安時代に紀貫之《きのつらゆき》という人が『古今和歌集《こきん》』を編纂《へんさん》して、その序文で「やまと歌は、人の心を種として、よろづの言の葉とぞなれりける」と書いている。

和歌の言葉というのは、心という種から生まれてくると言っているんですね。だから、心を表すために言葉はあったんだけど、それが一八〇〇年代の終わりになって目に重点が移り、見えるものしか言葉にしないことになっちゃったんですね。

芭蕉はどこが革命的だったのか

伊集院 「古池や」を詠んだのは、『おくのほそ道』よりも前でしたか。

長谷川 ええ。三年前ですね。

伊集院 じゃ、旅立つ時点で、俳句に対する芭蕉の境地はすでにできあがっているんですね。

長谷川 できています。「古池や」で開いたそういう心の表現を、みちのく（東北地方）という、当時よくわからない、モヤモヤとした土地で展開してみたいというのが『おくのほそ道』の旅立ちの動機だったんじゃないかな。

伊集院　芭蕉の中でも「古池や」はビッグバン的な作品だったんでしょうね。

長谷川　芭蕉にとっても、日本の俳句にとっても大転換ですよね。

伊集院　芭蕉には、新しい俳句を創造しようという強い意志があったんですか？

長谷川　芭蕉は一七世紀後半の人で、その少し前まで戦国時代です。戦国時代に日本の文化はほとんど破壊されてしまった。

芭蕉には、破壊されてしまった王朝時代や中世の文化を、もう一回、江戸時代という新しい時代の中で復活させたいという思いがあったんです。これが芭蕉の一つの原動力でした。

しかし、和歌をやったのでは以前と一緒になってしまう。だから俳句という新しい器の中で、昔の文化を蘇《よみがえ》らせようとしたわけです。創造的復興です。

伊集院　芭蕉までは、俳句は言葉遊びのようなものだったそうですね。芭蕉以前の、「花よりも団子やありて帰る雁《かり》」という句を先生が教えてくれました。たしかにクスッと来るんですよ。落語の江戸っ子っぽい感じもある。上品な雅《みやび》に対して、ギャグを入れていくところが面白くて。

　でも芭蕉はそれに飽き足らず、心の世界に向かっていく。いまでいうと、日本語ラップがそうだと思います。もともと海外では、差別されているアフリカ系の人たちが自分の不満を表現するような面が強かったんだけど、日本に入ってくると、韻を踏む遊びの要素が大きくなって面白ラップになっていく。実は僕も面白ラップのCDを出したことがあります（笑）。

　でも時を経て、日本にもラップで人の心をえぐりたいという人たちがいっぱい出るようになったんですね。「ラップバトル」では、韻を踏みながら相手をディスる、馬鹿にする。相手は返句のようにそれを受けて、向こうを馬鹿にし返す。そのやりとりの中で韻の踏み方も高度になっていくし、使う言葉も単に罵倒《ばとう》するだけじゃなく人の心を打つようになっていく。

そう考えると、松尾芭蕉とラッパーには共通した志があると思います。

長谷川　面白いですね。言葉遊びだけだと、時代が過ぎれば消えていったかもしれません。でもそこで「古池や」ができた。これでやっと俳句が和歌と肩を並べることができたわけですよ。

伊集院　芭蕉が見えるもの以外のものを詠み込んだのは、理論的に考えてのものだったのか、それとも自然にできてしまったのか。どっちなんでしょう。

長谷川　かなり直感的だったと思うんだけど、『おくのほそ道』の句を読むと、半分以上が「古池や」と同じように現実のものと心の世界を表しているんです。

その典型がこの句です。

夏《なつ》草《くさ》や兵《つわもの》どもが夢の跡《あと》

伊集院　この句、すごいですよね。

長谷川　すごいんです。平泉で詠んだものですが、ボウボウと生えている夏草を見ているうちに、敗れた兵たちの夢の跡に、じわっと思いが移っていく。

伊集院　「古池」でピンと来ない人でも、この句を読めば芭蕉の革命性がたちどころにわかるのではないでしょうか。

同じ場所に立ったとしても僕の感性では、一面夏草が生えているなあ、荒川《あらかわ》土手みたいだなあ、程度しか感じとれません。それを芭蕉は十七字で時空を超えて、以前そこで壮絶な戦いがあったことまで伝えている。この時空の超え方がすごい。

長谷川　俳句は短いから、ふたつの違う次元の事柄を、一緒に並べて置けるんですね。

まず現実の側に、「夏草」や「蛙飛こむ水のおと」という、心の世界を展開するきっかけになるものがあるわけです。それを見ると、心の世界が開けて別の次元の言葉がかぶさっていく。

たとえば、『おくのほそ道』の後につくったこんな句があります。

京にても京なつかしやほととぎす

ホトトギスの声を聞くと、京にいても昔の京が懐かしい。この句では、「京」がいまの京と、『源氏物語』などに描かれた昔の京、その異なる次元の意味で使われているんです。

ここでも、「ほととぎす」という現実の鳥の声によって、「京にても京なつかしや」という心の世界が開かれているわけです。

この句のように、芭蕉の場合は、現実の鳥や虫の声が心の世界を開くきっかけになることが多いんです。

伊集院 江戸時代のホトトギスも今のホトトギスも、たぶん同じ声で鳴くじゃないですか。昔の京都にいたホトトギスが、芭蕉の時代にもいる感じ。寿命があるからそんなわけはないんだけど、そういう、時間を超えた連続性を感じさせる句ですね。

感覚をつかさどるのは右脳で、数字や論理を扱うのは左脳、みたいなことをよくいうじゃないですか。それがどれくらい科学的に信憑性《しんぴょうせい》があるかは知らないけれども、日本人は鳥の声を、声を聞くほうの脳みそでキャッチしているといいますね。多くの外国人は、鳥の鳴き声は音に分類してしまうと。

長谷川　その最たるものは蟬ですよ。西洋の人の耳では蟬は雑音にすぎないみたいですが、日本人はしみじみと聞くわけです。『おくのほそ道』に、有名な句がありますね。

閑《しず》かさや岩にしみ入る蟬《せみ》の声

蟬が岩にしみ入るような声で鳴いている。それを聞いて静かな心持ちになった、と。

伊集院　日本人は蟬の音を声としてキャッチする素質を持っているのかもしれませんね。「閑かさや」といっても、蟬が鳴いているじゃないですか。デシベルで音量を表せば、決して静かじゃないですよね。

長谷川　むしろ「うるささや」ですよね（笑）。「閑かさや」と置けるのは、「古池や蛙飛こむ水のおと」と同じで、次元が違うからです。これは心の静けさであって、蟬が鳴きしきる現実の向こうから静まりかえる宇宙が姿を現わす。この「閑かさ」は宇宙的な閑かさですよね。

『おくのほそ道』は、芭蕉が書いた本文と句で構成されているわけですが、芭蕉はこの句の直前の本文に、こう書いています。

岸を巡《めぐ》り、岩を這《は》ひて、仏閣《ぶつかく》を拝し、佳景寂寞《かけいじゃくまく》として心澄《す》みゆくのみおぼゆ。

崖《がけ》っぷちを巡り、岩を這ったりして仏殿を拝むと、あたりの美しい景色はただひっそりと静まりかえって、心が澄み切っていくように感じられた。

それで、「閑かさや岩にしみ入る蟬の声」というわけです。

だからこの句は、心の世界である「閑かさ」をさきに、現実の「岩にしみ入る蟬の声」をあとに置いているんです。芭蕉はこう読んでほしいということを本文に書いているけれど、私たちはそれを無視して読んでしまうこともあるんですね。

伊集院　素人考えでは、俳句の本に俳句以外の文章を入れるなんてずるいと思わないでもないんです。それでも、『おくのほそ道』の文章量って相当少ないですよね。だから後世の人に伝わるように、最低限の手がかりを残しておこうとして書いたのかもしれませんね。

長谷川　そうだと思います。『おくのほそ道』って、全部で原稿用紙三十六枚ぐらいで、その中に俳句が芭蕉の五十句をはじめ六十三句入っているんです。だから六十三行は俳句で占めているわけだから、小説なんかに比べると文章量は圧倒的に少ない。

伊集院　手がかりをちょっとだけ残すという感じですね。

芸人で僕の戦友の水道橋博士《すいどうばしはかせ》という男が、生前の立川談志《たてかわだんし》師匠に「芸人が本を書く意味って何ですか」と訊《き》いたんです。そうしたら、「あれは言い訳だ」と答えたと。なんとなくわかるんですよ。言い訳というとマイナスの意味の言葉だけど、「俺はあのとき、ああいうつもりで言った」と書くことで、相手に通じる回路をつくっておきたかったんじゃないか。

芭蕉もそうだと思うんです。自分の俳句が長く読み継がれてほしい。でも人々の感覚や場所に関する記憶も変わっていくだろう。それでも変わらないものを残したいと考えて、文章を添えてくれた。

そのおかげで現代人もなんとか読めるのかもしれません。

長谷川　そう。仮に『おくのほそ道』の五十句だけが残って、文章がなかったとすると、まったく伝わらないですよ。

伊集院　現代だって、今の若い人たちに「チャンネルを回す」とか「ダイヤルを回す」と言っても伝わらないじゃないですか。ダイヤル式のテレビも電話も生活の中にない。たとえば歌詞の中に「チャンネル回して」とあっても、時間が経てば経つほど「回すって何だ？」とわからなくなっちゃう。

もちろん、俳句を鑑賞するときは自由に感じていいんでしょうけど、元の事実のプレーンなところを押さえておく仕事は絶対必要ですよね。長谷川先生のような人があいだをつないでくれなくなったら、誰もわからなくなってしまう。

心の地図と歌枕の廃墟

伊集院　先生によると、芭蕉がみちのくに旅立ったのは、歌枕がたくさんある場所で俳句を詠んでみたかったからだということでした。

ただ、歌枕というのが何なのか、わかるようでわからないんです。

長谷川　歌枕は、王朝時代や中世のころの歌人たちが、和歌に詠むことで代々築きあげてきた名所です。それは要するに想像でつくりあげた名所なので、実際の名所旧跡ではないんです。

たとえば平安時代以来、たくさんの歌で「末の松山」が詠まれてきました。たとえば「百人一首」にもある清原元輔《きよはらのもとすけ》という人は、「ちぎりきなかたみに袖《そで》をしぼりつつ末のまつ山浪こさじとは」——固く約束したじゃないですか、涙で濡《ぬ》れた袖を絞りながら、あの末の松山を浪が越えるようなことはお互い絶対にすまい、つまり決してあなた以外の人と浮気はしない――というんです。

というのは、浮気をすれば末の松山を浪が越えるという決まり文句がすでにあったんです。その歌を踏まえてこの歌を詠んでいる。

現在、「末の松山」は仙台《せんだい》の北にあることになっていますが、もともとは、都から旅をして海にたどり着くときの最後の山のことなんです。

だから本来、「海辺の山」という意味の普通名詞なんですよね。

伊集院　海に突き当たる手前にある山はみんな末の松山なんだ。

長谷川　そうそう。だから「末のまつ山浪こさじとは」と詠めば、海辺の近くの山を波が越さない限り、私はあなたを愛し続けるという永遠の愛を誓うことになるんですね。ところが「末の松山」という言葉を使って有名な歌が詠まれると、みんな、それがどこかにあるだろうと探したくなってしまう。

その場所探しの試行錯誤があって、芭蕉の頃には、仙台の北の多賀城《たがじょう》近くの松山が歌に詠まれた「末の松山」であるということになったんです。

伊集院　芭蕉も、当時、それがフィクションであることはわかっているんですか。

長谷川　実在する観光地と違って、歌枕は歌人たちの心の地図にちりばめられた名所であることはわかっていたでしょうね。だからこそ、そこで心の世界を展開しようとしたのだろうと思います。

伊集院　そうか！「ここは『千と千尋の神隠し』のモデルになった旅館です」なんてことを、いろんな人が言うじゃないですか。でも、スタジオジブリは、それについて何も言ってない。それでも、ジブリファンはそこへ行ってみようということになる。ちょっと似てますね。

長谷川　一緒です。作家の辻原登《つじはらのぼる》さんが書いた『遊動亭円木』という作品があります。落語家を描いた小説だけど、その奥さんの出身が秋田県の鳥海山《ちょうかいさん》の麓《ふもと》の町なんです。そこへ辻原さんたちと一緒に行ったことがあるんですが、自分こそヒロインのモデルだという女性に何人も会いました（笑）。

伊集院　実は僕、『おくのほそ道』の道のりの距離感を知りたくて、東京から白河まで電動アシスト自転車で行ったんです。

そのときに「芭蕉が寄った茶店がうちです」みたいなことを言っているお店がいっぱいあるんですよ（笑）。「この石に芭蕉は腰をおろした」とかね。

歌枕も、虚実があやふやな中で現実がつくられる。現代だって、芭蕉が歩いたとされる道程を本当かどうかわからないけれどたどり直して、道すがら、芭蕉が座ったとされる石に僕が座るじゃないですか。

そういう人間のいい加減な感じが何層にも重なっていることを実感したし、同じようなことが巡り巡ってゆく。ちょうど『おくのほそ道』を番組収録直後に読んで、すぐに行ったこともあって、そこで急に、宇宙を感じたんです。下手すれば芭蕉すらもその中にいた感じがして。いや、僕すらも、未来人も……。

長谷川　僕にも、同じような経験があります。奈良の吉野山《よしのやま》の麓にある、大きな浄土真《じょうどしん》宗《しゅう》のお寺に行ったときのことです。

不案内だからタクシーを頼みました。そのお寺に着いたときに運転手さんが境内の端っこで手招きして、こっち、こっちって呼ぶんですよ。なんだろうと思ったら、軒の下に雨だれであいたような窪《くぼ》みがあって、そこを指しながら「これが例の古池ですよ」って（笑）。ここで芭蕉は古池の句を詠んだと。そういうのは至るところにありますよね。

伊集院　話を戻すと、歌枕がしょせん想像上の名所なんだったら、実際に行って、何もないところもあるわけですよね。跡形もないどころか、もともと何もないところもある。

長谷川　そうなんです。何か少しでも残っていればいいようなもので、壊れていたりとか、どこかわからないこともある。

実際のところ、芭蕉は歌枕ではなく、歌枕の廃墟《はいきょ》を旅したわけです。

昔よりよみ置ける歌枕《うたまくら》多く語り伝ふといへども、山崩《くず》れ、川流れて、道改まり、石

は埋《うず》もれて土に隠れ、木は老いて若木《わかき》に代《か》はれば、時移り、代《よ》変じて、その跡たしかならぬことのみを、ここに至りて疑ひなき千歳《せんざい》の記念《かたみ》、今眼前に古人の心を閲《えつ》す。

みちのくには昔から詠まれてきた歌枕がたくさんあるといっても、山は崩れ、川は流れ、道は新しくなり、石は土に埋もれ、木は老木となり若木に生え変わって、時は移り世の中も変わって、その跡も定かではない。

芭蕉は、旅の途中で失望と幻滅を感じているんですね。

伊集院　そういうがっかり感も、いい味になっています。

『おくのほそ道』に、石の話がありましたね。信夫文字摺《しのぶもじず》り石という歌枕を訪れたくだりです。模様を彫った石があるのでいろんな人がやってきて、布をはりつけ、草でこすったり叩《たた》いたりして布を染める。芭蕉がその石を探しに行くと、あるにはあったものの土に埋もれているし、模様の面も下になってしまっていた。

明《あ》くれば、しのぶもぢ摺《ず》りの石を尋ねて、信夫の里に行く。遥《はる》か山陰《やまかげ》の小里に、石半《なか》ば土に埋《うず》もれてあり。里《さと》のわらべの来たりて教へける、「昔はこの山の上にはべりしを、往来《ゆきき》の人の麦草《むぎくさ》を荒らしてこの石を試みはべるを憎みて、この谷に突き落とせば、石の面下《おもてした》ざまに伏《ふ》したり」といふ。さもあるべきことにや。

村の子供が言うには、昔は山上にあったけど、訪れる人が麦畑を荒らすから、土地の人が谷に突き落としてしまった、と。

「さもあるべきことにや」と芭蕉は書いていて、さぞがっかりしたんでしょう。

長谷川　この「信夫文字摺り石」も「末の松山」と同じように、歌が詠まれてから場所が特定された歌枕です。だから本来は、別に福島県の信夫に限るわけではなくて、いろんな場所に信夫文字摺り石はあったんですね。

それが芭蕉の時代になると、場所が特定されていたわけです。そうなってしまうと、旅人が珍しがってやってきて、近くの麦の葉を引き抜いて摺ってみたりする。そのせいで畑が荒らされるわけですよね。それで困った村人たちが、石を崖から突き落としてしまったと。

芭蕉が見ているのは、信夫文字摺り石の末路の姿ですね。

伊集院　起きてることは、スマホゲームの「ポケモンGO」と同じですね。携帯電話の位置情報を使って遊ぶゲームです。ある場所に珍しいポケモンが出るらしいとなるとそこに人が集まりすぎてしまって、それでトラブルになって、地元の人は冗談じゃないと立入禁止にしてしまう、みたいな。

芭蕉にしてみれば、歌枕を一つ一つ確認できたほうがよかったのかもしれないけど、作品としてはどんでん返しがあったほうが面白い。しかも歌枕という、嘘から出たまことみたいなものに旅人が集まったがために、歌枕であることを担保するはずの石が崖から落とされてしまう。

長谷川　現実が歌を追いかけるところが面白いですよね。

伊集院　ここでも一句詠んでいました。

早苗《さなえ》とる手もとや昔しのぶ摺《ずり》

長谷川　田植えをする早乙女たちの手もとを見ていると、昔、しのぶ摺りをした乙女たちの手もとがしのばれる。これも「早苗とる手もとや」という眼前の景色と、「昔しのぶ摺り」という心の世界の取り合わせだから、「古池や」型の句ですね。

『おくのほそ道』のフィクション

伊集院　面白いのは、芭蕉もまた、自分の行動にフィクションを入れているところです。ある宿で伊勢《いせ》参りに行く途中の遊女ふたりから、一緒に連れていってほしいと頼まれる。芭蕉は不憫《ふびん》に思うけれど、自分たちは途中いろいろ寄り道しなきゃいけないところがいっぱいあるからと言って断ってしまう。

朝《あした》旅立つに、われわれに向かひて「行方《ゆくえ》知らぬ旅路の憂《う》さ、あまりおぼつかなう悲しくはべれば、見え隠れにも御跡《おんあと》を慕《した》ひはべらん。衣の上の御情《おんなさけ》に大慈《だいじ》の恵みを垂《た》れて、結縁《けちえん》せさせたまへ」と涙を落とす。不便《ふびん》のことには思《おも》ひはべれども、「われわれは所々《ところどころ》にてとどまるかた多し。ただ人の行くにまかせて行くべし。（…）」

でも、弟子として旅に同行した曾良《そら》の日記から、そんな遊女はいなかったことがわかったそうですね。

長谷川　芭蕉は物語として『おくのほそ道』をつくり上げるためには、この遊女とのくだりが絶対必要だと考えた。それで話をつくっちゃうんです。

しかも、ここでつくった俳句を曾良に語ったところ、曾良は書き留めたとまで書いているんだけど、曾良の日記には何一つ書いてない（笑）。

芭蕉は完全にフィクションを創作しているんです。

伊集院　僕が芭蕉の立場だったら、曾良の日記の存在は、嫌なんです。なんで余計なものを残してくれたのかって思うはず（笑）。

だけど芭蕉が思っている以上に、『おくのほそ道』は長く読み継がれたわけで、曾良の日記は結果的にあってよかったのでしょうか？

長谷川　曾良の日記が出てきたことによって、芭蕉が単に旅の記録をしたんじゃなくて、自分の旅を素材にして文学として『おくのほそ道』を文学として書いたことがはっきりしたわけです。

伊集院　ただ師匠としては「お前、何やってんだよ」と思うでしょうけどね（笑）。「かっこわるいじゃないか！」って。

長谷川　芭蕉にとって俳句も文章も文学なんですが、文学というのは結局フィクション、つまり嘘です。曾良は生真面目な人ですから、芭蕉のそういう気持ちがわからない。だから曾良はやっぱり曾良でしかないという言い方もできるかもしれない（笑）。

伊集院　僕は曾良も好きなんですよ。すごく気が利くし、たまに芭蕉が紹介する曾良の句も、芭蕉より劣るのはわかるけど、ぜんぜん悪くない。

長谷川　曾良の俳句は、芭蕉とちがって全部一本調子なんですね。
「かさねとは八重撫子《なでしこ》の名なるべし」とか、北陸で芭蕉と別れるときの「よもすがら秋風聞くや裏の山」とか、全部気持ちがストレートに入ってくる。芭蕉のように句が屈折していない。そういうところが曾良の非常にいいところです。
『おくのほそ道』という旅のプロジェクトから考えると、彼は記録係で事務方だから、芭蕉的な俳句をつくったらまずいですよね。逆に言うと、だから事務能力に長《た》けていて、旅の段取りもきちっとつけてくれる。そういう能力を芭蕉は期待して曾良を連れていったはずです。

伊集院　僕もそうでしたが、先生の話を聞くまで『おくのほそ道』にフィクションが入っているなんて思わない人も多いと思うんです。

僕はもう芭蕉シンパになっているから、芭蕉がだいぶ盛っていたとしても、問題ないどころかブラボーとすら思う。なかったことすら生き生きと書けてしまうことのほうにすごさを感じます。もっと言えば、「芭蕉宇宙」の中ならばむしろあるべきだと。曾良の目の前では起こっていないけど、タイムトリップしてしまう芭蕉の能力から言えば、「一〇〇年前にはあったんじゃない?」という感じすらしてしまいます。

長谷川　曾良の日記をみなが読めるようになったのは昭和一八年、戦時中でした。歴史として見れば最近のことなんです。

だからそれまでの読者はみんな、『おくのほそ道』に書いてあることは実際あったことだと思っていたでしょうね。伊集院さんがいうように、自分が実際に体験することだけが体験なんじゃなくて、想像したこともまた体験の中に含まれるということです。

伊集院　一番わかりやすいのは、やっぱり「夏草や兵どもが夢の跡」ですよ。芭蕉は兵どもに会っちゃいない。遊女のくだりも同じ感覚で読めばいいと思うんです。芭蕉が、このあたりには大変な思いをしている遊女がいると思ったら、もう想像力が動き出すんでしょうね。そう考えれば、何らそこに矛盾はない。

僕がラジオでしゃべっていることも、本当なのか空想なのかがわからない虚実ないまぜな状態でやっていきたいといつも考えていて、そもそも、芸能ってそういうもんだろうとすら思っているんです。

意外なところが本当で、意外なところが嘘だ。そういうことでいい。だから『おくのほそ道』の、事実の記録だけを書きつらねただけじゃないところがむしろすごく好きなんですよ。

長谷川　嘘か本当かをはっきりさせろ、白黒はっきりさせろというのは、近代の貧しい発想ですね。

伊集院　目の前にあったことだけを書くことにも意味があるし、そういう仕事もある。俳句の世界でその道を行く人がいていいんだけれども、僕の中ではやっぱり、それだと話芸はカメラに負けるんじゃないか、と思ってしまいます。

そうやって考えていくと、やっぱり遊女は、いてもいなくてもいいんですよ。芭蕉がこの旅で、「ある」と「ない」の境界は曖昧《あいまい》で揺れるもんだということを突き詰めているような気もするし。

長谷川　遊女のくだりの場所は市振の関、現在の新潟と富山の県境に近いところです。その前は越後路なんですよ。そこで七夕の句を二つ並べています。

文《ふみ》月《づき》や六《むい》日《か》も常《つね》の夜《よ》には似ず

荒《あら》海《うみ》や佐《さ》渡《ど》に横《よこ》たふ天《あま》の河《がわ》

七夕の句というのは、要するに星同士の色恋なわけです。それを次の市振の関では遊女に転換して、こう詠みます。

一《ひと》つ家《や》に遊女も寝たり萩《はぎ》と月

つまり七夕の色恋を、人間の世界に移していく。

伊集院　すごいですね。織姫《おりひめ》と彦星《ひこぼし》が会いに行きたいけれど道のりが遠いのと、遊女が伊勢に行きたいけど道のりが遠いこととも重ねている気がします。

こういう仕掛けが要所要所に入ってくるじゃないですか。『おくのほそ道』の前半で訪れた日光《にっこう》では「日の光」と詠み、後半にでてくる月山《がっさん》では「月の山」と詠んだり。

長谷川　「あらたふと青葉若葉の日の光」と「雲の峰いくつ崩れて月の山」ですね。「日の光」「月の山」と詠むことで、それぞれ「日光という土地と太陽の光」「月山という土地と月の照らしている山」という二重のイメージをもたせているわけです。

伊集院　この人の、オールマイティさって何なんでしょう。イチローって理論も感覚も両方すごいじゃないですか。そういう人って、なかなか出ないと思うんですよ。どっちか片方が飛び抜けているだけで一流だと思うんですけど、イチローはどういうバッティングが理論的に正しいかもわかっている上で、感覚もすぐれている。

芭蕉にも同じようなものを感じます。「日の光」と「月の山」なんてブルッときますもん。

長谷川　もうそれは芭蕉の才能と言うしかないですよね。

なぜ松島に芭蕉の句がないのか

伊集院　『おくのほそ道』について話す上で僕的に避けることができないのが「松島《まつしま》」です。まず自分の無知を白状すると、「松島やああ松島や松島や」を、僕は芭蕉の句だと思っていました。芭蕉の句をいくつか挙げてくださいと言ったら、たぶん入れていたと思うぐらい。

長谷川　名句だけど、芭蕉の句ではないんですね。松島では芭蕉の句は残されていなくて、曾良の「松島や鶴に身を借《か》れほととぎす」という句だけを入れています。

伊集院　せっかくの松島なんだから、ホトトギスさん、鶴にヴァージョンアップしておくれ、みたいなことですよね。僭越《せんえつ》ながら、悪くない句だと思いました。

長谷川　ストレートだけど、悪くないですよ。

伊集院　師匠の芭蕉も実際は詠んでいるけど、『おくのほそ道』には収録しなかったんですよね？

長谷川　そうです。芭蕉は「島々や千々にくだきて夏の海」という句を詠んでいます。

伊集院　載せればいいと思うんだけど、なぜ載せなかったんでしょうか。

長谷川　松島については、地の文で書き尽くしちゃっているといえます。塩竈《しおがま》から船に乗って松島まで行く。そのときのいろいろな島の様子をこと細かに文章で書いているわけです。そこに「島々や千々にくだきて夏の海」を入れてしまうと、その前に書いている描写とほぼ重なってうるさくなる。そういう感覚でしょうね。

伊集院　でも、芭蕉は松島をめちゃくちゃ楽しみにしていたわけですよね？　文章の中で、はしゃいでいる感じもします。だとしたら、そこで最高の句を入れたいと思ってもおかしくないのに。

長谷川　それをやると、いかにも松島が最終的な目標で、この句を詠みましたというふうに首尾一貫してしまう。芭蕉はそういうのが嫌なんですよ。

伊集院　なるほど、できすぎちゃう（笑）。

長谷川　つまり一種肩すかしを食らわせるというか、空白みたいなものをつくっておく。そういう感覚でしょうね。

伊集院　面白いですね。前半のクライマックスのところで詠んじゃうつまらなさとか、予定調和が嫌だった？

長谷川　そうそう。だからわざと外しておく。表現として、かなり高度ですよね。要するに何かを書いて褒められるのではなくて、書かずにいろいろ褒められるって滅多にないことだから。

伊集院　そのお話は、僕が思うラジオの面白いフリートークと一緒です。ラジオでおしゃべりしているときに、みんなが想像したとおりのところにいくと、全部色あせちゃう気がするからやめることって、あるんですよ。

芭蕉になぞらえるわけじゃないけど、予定調和になるより、むしろ外したり入れなかったりするほうがリアリティが出る。

長谷川　そうそう。そこは読者に任せて想像させるわけです。

伊集院　ある意味で、五七五を超えた、ゼロゼロゼロの句を詠んでいる感じですね。まったくない句を詠むことで、うまくすれば他の五七五が生かされる。

長谷川　松島にかぎらず、芭蕉は『おくのほそ道』の構成を相当に考え抜いていたと思うんです。『おくのほそ道』の本文を全部削って俳句だけ並べてみると、これがまた絶妙で面白いんです。

たとえば遊行柳で芭蕉が「田一枚植ゑて立ち去る柳かな」と詠む。これは十句目に置かれています。

その後の白河の関では芭蕉は「風流の初めや奥の田植歌」という句を詠んでいる。ところがこれをそのまま並べると、同じ田植えの句が二つ続くじゃないですか。だから芭蕉は二つの句の間の十一句目に曾良の句を入れて、十二句目に自分の「風流の初めや」の句を置いているんです。

越後路のくだりは、新潟県は縦に長いですから通り抜けるのに何日もかかっているんですが、ほんの数行ですましています。

蒸し暑い上に病気にかかってなんて言い訳をしていますが、文学としての構成からいえばここはさっと通り抜けて市振の関の遊女のくだりに移りたかったんじゃないかと思います。ここはくだくだ書く場面ではなくて、「文月や」と「荒海や」の七夕の句が二つあれば十分なんです。

能の舞台では旅の僧がくるりと回ると場面が変わるという手法がよく使われますが、あれと同じです。芭蕉は旅の僧のようにくるりと一回転して場面を先送りしているんです。

伊集院　なるほど、構成や編集に気を遣っていることがわかります。読者がどう読むかということをかなり細部まで考え抜いている。実はこの話も長谷川さんに聞いて驚いたことのひとつなんですけど、芭蕉は旅を終わってからかなり長く編集構成をやり続けているんですよね。

長谷川　五年後、大坂で死ぬまで草稿を持ち歩いて手を入れていました。不慮の死だったことを考えると、もっと手を入れたいと思っていたかもしれません。

とくに句の並びにはものすごく神経を遣っていると思いますよ。われわれは地の文を読んで句を読むから、句自体がどうつながるかまであまり意識しないんだけど、地の文を外してみるとその絶妙さがわかるんです。

虫と夏草にシンクロする俳句

長谷川　伊集院さんは、芭蕉の句の中でどれが好きですか？

伊集院　さきほどもでてきた「夏草や兵どもが夢の跡」です。

長谷川先生に「古池や」のすごさを教わって、芭蕉のことが一気にわかった感じがしました。でも、それが宇宙的な感覚まで行ったのがこの句なんですよね。あっ、こういうことか！　と思いました。目の前に見えていることからその土地の記憶みたいなことに芭蕉がアクセスしていることが体感できたんです。

それとセットでこれも好きです。

むざんやな甲《かぶと》の下のきりぎりす

のんきな虫が、ずっと昔からただそこにいる。その虫にシンクロして、その土地に刻まれているむごたらしさにアクセスするところに芭蕉の凄《すご》みを感じます。

長谷川　夏草や虫にシンクロするというのは、言い得て妙ですね。虫って地面から出たり入ったりするじゃないですか。冬は地面に隠れて、春になると出てきたりする。植物も同じように枯れてしまうと地面に入ってしまうんだけど、それがまた翌年になると芽吹いてくる。蛙や蟬や草という、地中と地上を行き来する動植物と芭蕉はすっと一体になれる。インスピレーションをたくさんもらっていると思いますよ。

伊集院　なるほど！

長谷川　さきほどのホトトギスにしても、遠いところから夏のあいだ日本に来て、また帰っていく。どこから来ているかわからない。なんか別の世界と行き来をする生き物なんですよね。

伊集院　きっと虫が見当たらない時間とか、鳥の見えない時間みたいなものに思いを馳《は》せるんでしょうね。

逆に自分の見ていないことをこいつらは見ているんだろうとか、自分が見ていないときにこいつらは何をしているんだろうみたいなことが、余白じゃないですか。その余白にすっと入っていくのが上手なんでしょうね。

長谷川　そういう、行ったり来たりしているものに芭蕉は心を開くんですね。

伊集院　彼が旅をする理由もそういうことじゃないですか？

長谷川　そうそう。虫や鳥、あるいは草みたいに別の世界を行き来したいと思っているんです。

伊集院　それはすごいわかりますね。蛙も鳥も旅をしている。その旅人同士が出会う瞬間に、何かドーンと頭の中で想像力が動き出すんでしょうね。

会ったことのない死者の前で

伊集院　旅の終盤で、会うのを楽しみにしていた一笑《いっしょう》という俳人が、前年に死んでいたことを知って詠んだ句がありますよね。

塚《つか》も動けわが泣く声は秋の風

長谷川　金沢《かなざわ》で詠んだ句です。
会ったことはないのだけど、名前と俳句だけ知っている若い俳人が金沢にいた。その人に会いたいと思っていたら、前の年の暮れに死んでしまっていた。それで詠んだんですね。

伊集院　「塚も動け」って、ものすごい慟哭《どうこく》だと思うんです。誰が見ていようがかまわない。墓が揺れるぐらい自分は泣いていて、猛烈に取り乱していることが伝わってくる。

そこに「わが泣く声は秋の風」と入ってくる。墓を揺らすほどの強い秋風。墓も揺らすほどに泣いている僕のショック。ふたつが絡み合ってものすごい迫力です。

パソコンの圧縮ファイルってあるじゃないですか。重たいファイルを圧縮して軽くしてくれる。出来の悪い圧縮ファイルは、細かいところがうまく元に戻せなかったりするんです。たとえば本来はきれいなグラデーションなんだけど、圧縮をかけすぎちゃうと元の階調に戻らなかったり、ドットも荒くなったりする。芭蕉がすごいのは、十七文字に圧縮したのに、すべてが鮮明に伝わることです。

変な考え方かもしれませんが、芭蕉がここに来さえしなければ、芭蕉の中の一笑は死ななかったんだと思うんです。

でも、墓を目の当たりにして死んだことを知ってしまった。それがもたらす途轍《とてつ》もない負の感情やそのときの自然現象まで俳句にしているのはすごくかっこいい。同時に、芭蕉の業《ごう》みたいなものも感じます。

長谷川　自分がまだ生きていると思っていた人が実は死んでいたということは、世の中でしばしば起こることですね。たとえば兵士が「母は生きているだろう」と思って帰ってきたらすでに亡くなっていたとか、そういうことってあるじゃないですか。

そのときに、実際は死んでいたんだけど、それを生きていると思い続けていた自分に対するやるせない悲しみや驚きがあるわけですよね。「塚も動け」には、そういう持っていき場のない感情が詠まれているんでしょう。

伊集院　にもかかわらず、それを句にする。季語を入れて五七五に整えて。

長谷川　たしかに業みたいなものですね。

伊集院　まして一笑さんに対する供養はそれしかないじゃないですか。
あなたのためだけに、あなたのことを今詠みました。亡くなったことも知らずにずっと生きてきた自分にできる罪滅ぼしは、それだけだという感じ。

長谷川　やっぱり伊集院さんはすごいですね。今しゃべったことを書けば、すごくいい文章ができますよ。芭蕉の句には、そういう力があるんでしょうね。いろんな感情を蘇らせてしまう。

ボーッとするから俳句が生まれる

伊集院　熊本で、段数が日本最大といわれる石段を登ったことがあります。三千段以上かな。でもそこ、インターネットのライブカメラで、頂上からの景色が見られるんです

（笑）。

ネットで見える景色は事実ではあるんだけど、でも疲れてないから何も感じない。でも実際登ってみたらライブカメラにくらべて見晴らしも良くないんですね。でもリアルは感じる。

一方で、「閑かさや岩にしみ入る蟬の声」ってヘトヘトじゃないと出てこない気がしたんです。登って登ってヘトヘトになる。旅の疲れもある。そうやっていろいろなことがあった上での「閑かさ」なんじゃないかって。

長谷川　芭蕉がその句を詠んだ山寺も、やっぱり千段近くありますよ。相当疲れますよ。たしかにそういう運動をした後の、ランナーズハイに近いところはあると思います。ぐったり感の上の自由自在さ、みたいなものがあるかもしれない。

伊集院　修行僧にちょっと近いですよね。山岳信仰の修行者がヘトヘトのところで神様仏様の声を聞いた、みたいな話があります。

科学的に言えば、疲れから説明できるかもしれないけれど、大切なのは疲れ切ったところで、内なる自分が理解していたことが、響きとなって返ってくることだと思うんです。それと一緒で、芭蕉が山の中を歩いているとき、最初のうちは蟬がうるさく聞こえていたんだろうけど、途中から岩にしみ込んでしまったのだろうなと。うるさいともなんとも思わなくなったんじゃないかなって。

長谷川　日本語にはオノマトペがいっぱいありますよね。「しんしんと」というオノマトペは、実は蟬の鳴き声にも使うんですよ。「しんしんと蟬が鳴いている」みたいにね。でも「しんしんと」というのは、もともとは静かさを表すオノマトペで、「しんしんと静かである」と普通は使う。ところが蟬の声にはなぜか「しんしんと」を使うんですよ。

伊集院　うわっ、すごいなあ。

長谷川　今まさに伊集院さんが言った、うるさい声を聞いているうちになんとなく聞こえなくなってしまう。それこそ「岩にしみ入る蟬の声」の「閑かさや」ですよね。

伊集院　以前、炎天下のウォーキングで熱海《あたみ》の山道をずっと歩いているときに、延々と蟬が鳴いていたんですけど、途中から「シネシネシネシネ」って聞こえてきた（笑）。

わりと悩んで歩いていた頃だから、本当になじられている感じがしたんですよ。でもそのうち無音になってくる。もう蟬のこととかどうでもよくなってくる。あの感じと似ているのかなと思います。

長谷川　ＮＨＫの「チコちゃんに叱られる！」という番組で、「ボーっと生きてんじゃねーよ！」という決まり文句があるじゃないですか。ふだん社会生活を送る上で、ボーッとしないことは大事なんだけど、俳句ってボーッとしないといけないんですよ。

芭蕉が「蛙飛こむ水のおと」を聞いて、「古池や」を思いつく。そのとき彼はボーッとしているんですね。ボーッとしているからこそ「古池や」という言葉が見えてくる。「閑かさや岩にしみ入る蟬の声」も、蟬の声を聞いているうちにだんだん心が無になっていくような境地じゃないですか。

だからね、ボーッとすることのできる人が、詩人なんだよね。

伊集院　芭蕉は歌枕を巡って俳句というものの価値を上げてやろうという壮大な目的を持って旅に出たけれど、俳句を詠んでいるとき、そういう意識はいったん忘れているんでしょうね。

僕はラジオで旅行の話をするから、旅をしている最中はネタをつくっているという意識がつきまとうんですよ。でもある日突然、そういう意識があってはいけないと思いました。ネタを意識する旅は本当につまらない。そうじゃなくて、自分が行きたいところに行って、結果的にネタができれば最高だと思うようになったんですね。

芭蕉はその境地のチャンピオンでしょう。曾良の調査やアシストはあるにせよ、芭蕉だって歌枕や古い和歌を知識としてたくさんもっている。

そういう人が、ボーッとする。これこそが大切な気がするんです。知識にとらわれても、知識がまったくなくても、見えてこないものがある。芭蕉のように、知識をもちながらボーッとできちゃうのはすごいことだし、その術《すべ》が旅であることを芭蕉は知っていたんじゃないでしょうか。

長谷川　まさにそのとおりで、人間の生活の中にはいくつかボーッとする契機がありますよね。旅もそうだし、夢を見たりお酒を飲んだりするのもそう。

人間はそうやってボーッとしないと生きていけない生き物だろうし、最終的にボーッとするのは死ぬことですよ。魂が離れていく。

旅にも似たところがあって、日常を離れてボーッとする時間が旅なのでしょうね。だからリフレッシュのためとか、何かのためと言い始めるとだめ。たまに日常から離れてボーッとするから、詩や俳句が生まれるんです。

武田将明 × 伊集院光

伝染病のすべてをあらゆる書き方で

ダニエル・デフォー

『ペストの記憶』

武田将明　たけだ まさあき
東京大学教授。専門は18世紀イギリス小説。訳書に『ロビンソン・クルーソー』（河出文庫）、『ペストの記憶』（英国十八世紀文学叢書、研究社）などがある。

ダニエル・デフォー『ペストの記憶』はこんな名著

一七二〇年、南フランスのマルセイユ周辺でペストが発生します。ペストとは、ペスト菌という細菌によって引き起こされる感染症で、適切な治療がなされなければ、三〇％以上の患者が死に至るとされています。ヨーロッパでは「黒死病」とも呼ばれ、昔から恐れられてきました。そのため、フランスで発生したペストがイギリスにも来るのではないか、とイギリスの人々は不安に駆られました。ちょうど同じ年に、フランスとイギリスで株式市場が暴落し、いわゆるバブルの崩壊による経済の大混乱がありました。

不穏で悲観的な雰囲気のなか、まるで危機感に煽《あお》り立てられたかのように、文筆活動に邁進《まいしん》したのが、一七一九年に『ロビンソン・クルーソー』を発表して、書き手として脂の乗り切っていたダニエル・デフォーでした。マルセイユでのペスト流行の二年後である一七二二年には、三つの長編小説を発表していますが、そのひとつが『ペストの記憶』です。

これは、当時のロンドン市民の四分の一にあたる一〇万人もの死者を出したとも言われる、一六六五年のペスト大流行の様子を、一市民の視点から再現した作品です。一六六五年にロンドンをペストが襲ったのは歴史上の事実ですが、この本の中には事実の記録と一緒に、作者デフォーの創作と思われる記述も見られます。いまにもロンドンを再びペストが襲うかもしれない（結局、これは杞憂《きゆう》に終わりましたが）、そういう危機感のなかで書かれたこの本には、ペストに罹患《りかん》して亡くなる人々の苦しみや、その家族の嘆きも描かれていますし、感染を抑えるために行政がおこなった施策の解説と評価も記されています。

一六六五年の流行時、デフォーは五歳でした。ロンドン生まれでしたが、ペストがロンドンを襲うと、賢明な彼の家族はすぐに田舎に疎開したので、デフォー少年がペスト渦中のロンドンを直《じか》に目で見ることはなかったようです。ただ、これだけの災害ですから、彼の人格形成に大きな影響を与えたできごとだったことは、想像に難くありません。一九九五年の阪神・淡路《あわじ》大震災、さらには二〇一一年の東日本大震災のことを思い出してみても、直接の被災者でなくとも、こうした災害が人生観の根っこの部分に影響を与えることは、納得できるでしょう。

本書の刊行された年、すでに一六六五年のペストの記憶の多くが、忘れ去られていたに違いありません。六二歳のデフォーは、この大災害の雰囲気を知っている者としての使命感と、同時代の人々の興味を満たしたいという野心の両方に突き動かされて、猛然と執筆したと思われます。その結果、ペスト禍を生き延びた一市民（本の最後にH・Fとイニシャルが示されますが、ほとんど匿名）による、市民生活のリアルな描写もあれば、当時の法令から、あやしげな薬の宣伝文句までを集めたペスト資料集のような箇所もあり、また行政の施策へのまじめな評論もあれば、三人の男たちがペスト渦中のロンドンを脱出する冒険物語もありという、実に盛りだくさんな内容になっています。

（武田将明）

デフォーの細かさ

伊集院　この『ペストの記憶』という本は、あらすじのうまく説明できない本ですね。そもそも、ぴったり当てはまるジャンルがないし、ときに冒険小説だったり、ドキュメンタリーだったり、いきなり細かい数字が並ぶ資料だったりして、正直なところ、読むのが面倒な箇所もありました。

とにかく「少し前のペストが流行したときにあったこと」というテーマに沿って、硬軟全ジャンルをぶち込む。

でも、誤解を恐れずに言うならば、そういうめちゃくちゃ美味《おい》しいごった煮状態がこの本の面白さだし、作者が鬼才であるゆえんじゃないかと思いました。

武田　それは『ペストの記憶』に限らず、ダニエル・デフォーという書き手の本質を突いた言葉ですね。

デフォーという人は、何でもこまめに書き記すんです。『ペストの記憶』だけじゃなくて、『ロビンソン・クルーソー』にしても、きょう小麦の収穫が何ブッシェルあってとか、ある日「未開」の部族何名と遭遇し、そのうち何人を銃で撃ってとか、やたら細かい記述があります。

もちろん、『ロビンソン・クルーソー』の場合は全部想像なんだけれども、とにかくすべての数字を書き記す。それがまた、ざっくばらんな数じゃなくて、細かい端数まで書くわけです。

こういう書き方を、専門的な用語で「形式リアリズム」といいますが、細かく書き留めることに命をかけることで、独特のリアリティが生まれている。それがダニエル・デフォーという作家の特徴です。

デフォーは、当時のイングランドで多数派が信奉する国教会ではなく、もっと革新的なプロテスタントの宗派に属していました。だから、すべてを書き尽くすことにも、「真実」を追求したいという、宗教的な使命を感じていたのかもしれません。そういう迫力が『ペストの記憶』にもありますよね。

伊集院　まず、デフォーが生きていた頃のイギリスは、どういう状態だったんですか。

武田　デフォーが生まれた一六六〇年は、王政が復古した年です。その前には、一六四〇年代にピューリタン革命があって、四九年にイギリスの王が処刑されてから、共和政が敷かれていました。ピューリタンとはイングランド国教会の改革を主張した人々のことで、デフォーの宗派はこのピューリタンの系譜に属していました。だから王政が復古した後は、王政を支持する人たち――その多くは国教徒の保守派でした――からピューリタンとその系統の宗派は非難され、しばしば「悪魔」の同義語みたいな感じで扱われるようになります。

ピューリタン系の宗派に属するデフォーも、王政復古によって苦境に立たされました。当時、デフォーのような人々は「非国教徒」と呼ばれ、さまざまな差別を受けました。非国教徒は、オックスフォードやケンブリッジのようなイングランドの有名大学に入れませんでした。デフォーもそうです。頭脳明晰《めいせき》な人ですから、当然、大学にも行きたかったと思うんだけれども、それは叶《かな》わず非国教徒のための学校で聖職者を目指して勉強しました。

でも結局、聖職者の道には進まず、靴下などを売る商人として社会に出ます。その後もさまざまな商売に手を染めながら、政治と文筆の世界で精力的に活動するようになるのです。文筆家としての顔も多彩で、フィクションの作者だけでなく、政治を論じるジャーナリスト、社会の不条理をからかう詩人、信仰心の衰退を嘆くモラリスト、悪魔や幽霊に興味津々のオカルト評論家といった側面がありました。

伊集院 僕が最初に武田先生からデフォーの話を聞いたのは、僕が出演している「100分 de 名著」という番組でした。古今東西のさまざまな名著を取り上げるこの番組で出会う本には、何らかの差別をされたり、端っこに追いやられたりした作者の書いたものが多い気がしています。そういう不遇な人生を送っていて、しかも才能のある人が、とんでもない名著を書く。デフォーもそういうタイプだったように思います。

もしデフォーが有名な大学に行って、ストレートに聖職者への道を究めていたなら、作家としての才能は伸びなかったんじゃないでしょうか。

信仰上の問題からエリートコースには乗れなかった。それでいろんなことに手を出してみる。そこで身についた山師的な生き方が、この人は多重人格なんじゃないか？　と思うような、あっちこっち行く文体にあらわれている感じがします。

数字や表計算のようなことを細かく書けるのは、おそらく商売をやっていたからでしょう。ジャーナリストでなければ書けないようなくだりもある。それでいて、物語をつくる才能もある。

そういう意味では『ペストの記憶』自体がデフォーであると言ってもいいくらい、鬼才の土壌と才能が本に封じ込められている感じがします。

武田　おっしゃるとおり、デフォーは子供の頃からいろいろと差別され、なかなか認めてもらえない境遇にありました。それもあって、売れたいという思いがすごく強い人だったと思います。

そのせいか、書き手としても、売れるためなら何でもしました。わかりやすい例が『非国教徒への手っ取り早い方策』（一七〇二年）という、非国教徒を擁護することを目的としたパンフレットです。作者のデフォーは非国教徒なのに、厳格な国教徒になりすまして、非国教徒はけしからん奴らだから全員国外追放すればいいんだという過激な主張を発表する。ここまで書けば物議をかもして、世間で注目されるだろう、と。

伊集院　僕もタレントとして、売れるために手段を選ばないというデフォーの姿勢に共感できるところがあります。でも、表現者がそういうスタンスだと、一貫性がないじゃないか、といわれてしまう危うさもありますね。

武田　実際、デフォーの場合も、実は非国教徒の彼がこんな非常識なパンフレットを書いていることがバレて、国教徒からも非国教徒からも顰蹙《ひんしゅく》を買い、ついには世間を惑わせた罪で投獄されてしまいます。

もちろん、デフォーは非国教徒が追放されればいいと本気で思っていたのではなく、そういう極論を出すことで、非国教徒への同情を誘おうとして書いたんですね。現代風にいえば、自作自演というやつです。

伊集院　いま「炎上系」と呼ばれているユーチューバーがいて、その中にも、嫌がられてでも話題になればいいと思っている人と、みんなの議論の材料にしてほしいがために極端になる人の二種類の人たちがいると思います。

デフォーはどっちですかね？

武田　デフォーには、たしかに炎上上等みたいなところがあります（笑）。ただ、彼の中では宗教的な使命感もあった。野心と使命感の両方が常に彼の中にあり、だから評価が分かれるんです。同時代でも「何でもありの奴だ」といってデフォーを嫌う人はいたし、他方で「何だかんだいっても、書く物には力があるよね」と認める人もいました。

「コロナの記憶」を残すとしたら？

伊集院　『ペストの記憶』という本は、表紙にこうあります。

1665年の最後の大いなる災厄に襲われたロンドンにおける公的および私的なもっとも驚くべき出来事の報告あるいは覚書

（武田将明 訳『ペストの記憶』英国十八世紀文学叢書、研究社、以下同）

「公的」なことも「私的」なことも入っている。要するに「全部入り」ということを自覚して書いている。

武田　そこにあるとおり、この本には一六六五年のペスト流行時に出された、感染対策についての法令がそのまま引用され、行政の対応が詳しく書かれる箇所もあるし、語り手――最後にH・Fというイニシャルだけ記される人物――の個人的な覚書のような、ペスト渦中のロンドンで目撃したさまざまな出来事を紹介する箇所もあります。

ちなみに、この本の表紙に最初に書かれている言葉はA Journal of the Plague Yearで、英語圏では現在これがタイトルとして一般に使われています。

ここを直訳すれば「疫病の年の日誌」となりますが、これでは個人的な覚書のイメージが強すぎるので、あえて別の箇所を参照し、私の翻訳のタイトルを『ペストの記憶』にしました。ペストのような疫病を、公的・私的にどう記録し、記憶するか、というのが、この本の重要なテーマだからです。

伊集院　今回、先生と『ペストの記憶』についてお話をしたいと思ったのは、僕が新型コロナウイルスの記録や記憶もどこかのタイミングで書かれるべきだと感じているからなんです。

　コロナがここまで僕たちの日常の中に入ってくる。そうすると生活の中では、コロナ禍だから起きた笑い話、いわば「コロナギャグ」もいっぱい生まれてくるんです。だけどテレビの中では、それは不謹慎だから表に出しちゃいけないことになっていたりする。これでコロナのあらゆることを記録したことになるのだろうかと。

　僕は昔、落語家の修業をしていました。そこで学んだことですけど、戦時中には、国威発揚の落語がけっこうつくられたりしているんですね。でも戦後、それはなかったことになっている。戦時は、戦前の落語がいくつかなかったことにされて、戦後に戻ってきましたが、引きかえに戦中の落語は葬られている。

　本当は、戦争中にもお笑いはあったという、事実も含めて理解してこそ、戦争の本当の怖さがわかるんじゃないかと思うんです。

　戦時中の広島を描いたアニメーション映画『この世界の片隅に』でも、戦時中の暮らしの中で、楽しかったことが描かれています。戦争のさなかとはいえ楽しかったことがあった。そういう描写が入って、戦争の怖さや悲しさがずっと浮き彫りになっている。

だから、もし今の「コロナの記憶」を残すんだったら、ギャグも含めて書き残されてほしい、と思っています。

武田　戦争中の落語を戦後に聞けなくなったのは、不謹慎というだけでなく、おっしゃるとおり国威発揚的な内容も含んでいるからでしょうね。

しかし、そうだとしても、本当に体制におもねっただけの、いま聞くとつまらないものなのか、実はこっそり時局への風刺を利かせた噺《はなし》もあったのか、という事実の確認もできないのは、やはり大きな欠落ですし、戦後の日本人が本当の意味で戦時下の生活を想像することを難しくしていると言わなくてはなりません。

『ペストの記憶』に話を戻すと、この本ではペストのゾッとするような惨禍が描かれるかと思えば、当時宣伝されていた偽薬のキャッチコピーを並べて笑いを取ったりと、緊張と弛緩《しかん》のバランスが見られます。

他にも、一四世紀半ばのイタリアで書かれた、ジョヴァンニ・ボッカッチョの『デカメロン』という物語集は、一三四八年のペスト流行を逃れてフィレンツェ郊外に引きこもった男女一〇名が、それぞれ退屈しのぎに物語をするのですが、その多くは滑稽《こっけい》だったりエロティックだったりします。命の危機が迫っている状況だからいっそう、笑いが心の安らぎになるってことはありますよね。

伊集院　実は僕も、「コロナギャグ」や「コロナ面白話」をたくさん書き溜《た》めています。海外のヌーディストビーチで、「裸OK」なのにマスクを着けてる人がいて、裸は注意されないがマスクは警察が飛んでくる、とか。

ちっちゃなおちんちんのイラストがたくさん描かれているマスクが発売されて、これは女性用だそうで、なんでも他人に「マスクにおちんちんが描かれている」と指摘されたら、ディスタンスが近すぎる、と言えるからなんだとか。

朝のラジオ番組にも、普通のおじさんからメールが来て、ある朝、納豆を食べていたら臭いが全然しなくなった。嗅覚《きゆうかく》がないのはコロナのせいか！　と思ったら、かみさんが「特売だから、におわなっ、い、い、とうを買ったの」だって（笑）。

記録には、こういったことまで入っていないと、後世の人に、コロナ禍の時代を勘違いさせることになるんじゃないかと思うんです。

武田　実は、デフォーにならった「コロナの記憶」ともいうべき本が出版されています。関《せき》なおみさんという、保健所に勤めていらっしゃるお医者さんが『保健所の「コロナ戦記」』（光文社新書）という本を出されました。この本のスタイルは、私が翻訳した『ペストの記憶』を参考にしているそうで、ギャグとまではいかないけれども、コロナ禍の事実を全部書き記しているんですね。ちなみに、私の翻訳には、読者の読みやすさのために、原書にはない小見出しを入れたのですが、この工夫は『コロナ戦記』にも取り入れられています。

『ペストの記憶』を訳したときには、こんなふうに読んでもらえるとは思いませんでしたから、感慨深いことです。

伊集院　すごいことだと思います。デフォー自身も作家冥利《みょうり》に尽きるところでしょうね。

武田　まさか、日本で三〇〇年後に、この本にならったスタイルでコロナについて書き留める人が出てくるとは思わなかったでしょう（笑）。

伊集院　僕も「コロナの笑いの記憶」を書き始めようかな。
ちなみに先日、漫才師の頂点を決めるM‐1グランプリで「遠山の金さんが桜吹雪を見せているジェスチャーかと思ったらワクチン接種に来た人だった」というギャグが披露されて、そこそこ受けてました。

ペスト禍の笑い話

伊集院　デフォーの『ペストの記憶』には、しっかりペストギャグやペスト小咄《こばなし》が入っていて、度肝を抜かれました。

笛吹きが酔っ払って寝ていたら、まちがって死者の車に乗せられて、死体を投げ込む穴まで連れていかれてしまった話なんかがそうです。

「なんてこった。まだ息のあるやつがなかにいるぞ!」そこで別の者が声をかけた。「あんたは何者だ?」男は答えて「俺は惨めな笛吹きさ。ここはどこなんだ?」「どこだって?」とヘイワード。「知らんのか。あんたは死の車《デッド・カート》に担ぎこまれて、これ

から埋められるところさ」「でも俺は死んじゃいねえよ、そうだろう？」と笛吹き。ここで人びとから少し笑いが漏れた。ただしジョンによれば、最初はみんな心底震え上がっていたそうだが。そこで彼らは気の毒な男を助け降ろし、男はとぼとぼ仕事に向かっていった。

武田　私も印象に残っています。このあと、笛吹きがペストを生き延びたかどうかはよくわからないまま、すっと消えていく。

伊集院　そうなんです。遺体として一緒に埋められる寸前まで行った奴が、なんと一〇〇歳まで生きました……といったようなオチもない。ただ、ふわっと終わるんです。

武田　しかもこの話には、別のヴァージョンもあると書かれていますね。伊集院さんの感想にぴったり来るような補足が続いています。

うわさ話では、男が馬車のなかで笛を鳴らしたので、運び役や他の人たちが仰天し、一斉に逃げ出したと言われている。このうわさはぼくも知っているが、ジョン・ヘイワードはそんな話をしなかったし、そもそも男が笛を吹いたなんてひとことも言わなかった。ただこの男が気の毒な笛吹きで、ああいう具合に運び去られたことは、紛れもない事実だと言っていいだろう。

伊集院　すごいですよ。このくだり。「ある事件があった。でも別ヴァージョンの噂話も伝わっている。でもそれは考えづらいことだから……これぐらいが本当のところでしょうかね」なんて。

そもそもまるまる作り話かもしれないのに、ものすごい真実感が出る。こういう怪しい話の飛び交い方、コロナ禍での状況を考えると予言的でもあります。

武田　さっき触れましたが、『ペストの記憶』には、怪しい薬の宣伝もたくさん紹介されています。

他方で売る側をみると、医者の広告やあやしい連中の貼紙が家の門柱や通りの一角をべたべたと埋めつくす光景は信じがたく、想像を絶していた。知ったかぶりをして得体の知れない薬を宣伝し、治療に来るよう勧誘する内容で、その多くは、こんな派手なキャッチコピーで始まっていた。すなわち、「絶対の効能！　ペスト予防にこの丸薬」、「間違いなし！　の感染予防薬」、「効果抜群！　空気感染を防ぐ栄養ドリンク」、「ドンピシャの対策！　感染しても元気を保つ――抗ペスト丸薬」、「無双の効き目！　まったく新しい、ペストに効く水薬」、「すべてを治す！　ペストの薬」、「本物はウチだけ！　ペスト酒」、「王室御用達の解毒剤！　どんな伝染病にも効く」――まだまだいっぱいあって、とても数えきれない。ぜんぶ並べたら、一冊の本がまるごとこんな惹句《じやつく》で埋まってしまうだろう。

伊集院　そのあたりも、コロナにうがい薬が効くみたいな騒ぎがあったこととか、怪しいサプリがいろいろ出回っていたこととか、似たようなことが起きていてびっくりしました。

人間はたぶん、ピンチのとき、何かにすがりたくなるんでしょうね。いろいろな知見や噂話やさまざまな情報が出てきたときに、みんなが、自分が求めているほうに行きたくなる。それはペストがコロナに置き換わっても、もっと言えば、それが原発事故であろうが地震であろうが、似たようなことが起きるんでしょう。

だからこそ『ペストの記憶』のような本から、そういうことをちゃんと読み取っておかなきゃいけないんですよね。

武田　ペストにせよコロナにせよ、あるいは原発事故にせよ、見えない恐怖であることが共通しています。

この見えない恐怖に昔の人はどう立ち向かっていたかというと、まずは宗教でした。そこで神という存在が出てくる。

しかしデフォーくらいの時代になると、神にすべてを頼りきることはできない。ちょうどデフォーの生まれた一六六〇年に、王立協会という科学アカデミーが設立されていて、一七〇三年にはあのニュートンが会長になっています。近代的な科学の影響力が強まったわけですが、そういった科学についても、デフォーは最新の知識をもっていたようです。

だから世の中、神にすがるだけじゃすまないとデフォーは理解している。では、何か目に見えないものが自分たちの健康や生活に害を与えているとき、どうすればよいのか。デフォーも、そこで考えが揺らいでいるんですね。

「見えない」という根本的な不安

武田 私は、この「見えない」ということが重要なポイントだと思っています。ちょっと脱線めいた話をすると、アダム・スミスという経済学者がいます。彼が『国富論』の中で「見えざる手（invisible hand）」という議論をしているんですね。この比喩《ひゆ》を通じて、人間の経済活動には、何か見えない力が働いている、とスミスは指摘したのです。

するとと後世の人たちは、これを「神の見えざる手」と少し言い換えて、資本主義経済のもとでは、みんなが自分なりに利益追求していても、神様みたいな存在がうまく調整してくれるものなんだと解釈しました。いまでも自由主義（リベラリズム）を擁護する議論は、この楽観的な見方に基づいています。

でも、フランスのミシェル・フーコーという思想家は、そういう解釈が本当に正しいのか、と問い直すんです。むしろ「見えない手」という言葉で大事なのは、見えないことにあるんじゃないか。つまり、何か世の中を動かす原理はあるんだろうけれども、それが見えないことに人が気づいている。そこでどうするか？　というのが、近代の人たちが置かれている状況の根本なんだという話をしています（興味があればミシェル・フーコー『生政治の誕生』〈慎改康之訳、筑摩書房〉という講義録をお読みください）。

伊集院　景気が良いときは「なんだかわからないけど乗っておけ、金を持つことは正しい！」ってなるし、景気が落ち込むと「資本主義とやらは間違いないはずなのに、こんなに金が回らないとは、誰かがずるいことを……」とか。

武田　神様がいることを一〇〇％信じられていれば、ある意味で、「手」は見えるかのように思える。でもそうじゃなくなったときに、僕らの世の中には、生活を左右するいろいろな原因があるものの、それをすべて見通すことは人間にはできないことがわかってしまう。それが近代を生きる人間の根本的な不安としてあるということですね。

伊集院　深いなあ。一〇〇％の信仰があれば、まったく疑わないから「神様がなんとかしてくれる」で乗り切れる。けれど、なまじ科学の時代になって、信仰が薄らいでくると、科学で乗り切れないことや、自分の科学知識で追いつかないことにパニックになる……。

武田　この話を応用すると、まさに、ペストやコロナによって、近代以降の人間の根本にある不安があぶり出されていると考えることができるわけです。

そういった人間の存在の根っこにつながっているからこそ、『ペストの記憶』で行われていることがコロナの中でも繰り返されている。そんな気がしています。

伊集院　この作品は複雑な構造をしていて、ペストの時代に生きていたＨ・Ｆという男を語り部としています。Ｈ・Ｆは、まさにそういう、不安を抱えた人物ですね。

武田　そうなんです。Ｈ・Ｆ自身もロンドンに留《とど》まるべきか逃げるべきかで、神の意志を持ち出すんだけど、決断するまでにけっこう揺れています。

伊集院　そのだらしなさ、揺れが、リアルでいいんですよ。

　普通の小説であれば、主人公なんだから強い意志があっても良さそうなものなんだけど、Ｈ・Ｆは、ふわっとしている。

　一度はペストから逃げてロンドンを出ようと決めたのに、アクシデントで出発できなくなった。それで、神の意志なんだから従おうと考える。

武田　しかも、残ったあとすっきりと割り切っているかというと、やっぱり失敗だったかも……と思い悩んでいたりする（笑）。

帽子を盗んでいく女たち

伊集院　この本には、うまく割り切れない面白さがつまっているって感じるんです。たとえばH・Fがお兄さんの帽子工場に行くシーン。うまく分析はできないのですけれど、大好きなんです。ごく普通の女の人たちが、みんな、「帽子が無料《ただ》でもらえる！」と盗んでいってしまう。

さらに門に近づくと、別の女性がもっとたくさんの帽子を抱えて門から出てくるのと鉢合わせた。「奥さん、あっちになんの用があったんです?」と訊《たず》ねると、「あっちにはもっとたくさんいるわよ。わたしはみなさんと同じことをしただけです」と答えた。ぼくは急いで門に向かい、女にはなにも言わなかった。その隙に女は立ち去った。しかしちょうど門にたどり着くと、別の二人が庭を横切ってこちらに来るのが見えた。やはり帽子を頭に被《かぶ》り、小脇にも抱えて外に出ようとしている。これを見たぼくは門に突進し、後ろ手にバタンと閉めた。バネ仕掛けの錠がついていたので、門はそのまま施錠された。女たちの方を向いたぼくは、「一体全体なにをしてるんだ?」と言い、帽子をつかんで取り上げた。その一人は、これが盗みを働くようには見えない人だったのだけれど、「本当に申し訳ありません」と言った。「でも持ち主のない品物と伺ったものですから。これはお返し致しますから、あちらを見てください。わたしたちみたいな客がもっといるんですよ。」女は哀れげな様子で泣いていた。

武田　僕も好きな場面です。ひょっとしたらモデルになるエピソードがあったのかもしれませんが、絶妙ですね。盗んでいる女性が、いかにも悪党じゃない。

伊集院　デフォーも、「盗みを働くようには見えない」と、普通の人であることを強調していますね。指摘された女の人の「本当に申し訳ありません」というお詫《わ》びや、あとから悪いことだったと気づく感じ、普通の人なのに、ベスト禍で普通がおかしくなってる。そういう空気がよく出ています。

僕が二十代ぐらいだったら、「なんだよこの女!」と思う気がするんです。でもこの

年齢になると、人間ってそういうものかもな、となってきました。

ロス暴動（一九九二年）のときにCNNが、ガラスを割っていろいろな物を略奪している黒人の少年にインタビューしていました。黒人差別について何か言うのかなと思ったら、「ナイキがタダだぜ。盗《と》らねえ馬鹿いるかよ」だって。僕はポカーンとしてしまいました。そんな古い記憶が急に思い出されました。

武田　冷静に考えたら、感染症で人がばたばたと死んでしまっているときに、新しい帽子を手に入れてどうするんだろうって思いますよね。

外に出て、着飾るわけでもない。それでも

帽子が無料《ただ》らしいよって聞いたら、外に出て、盗みに行ってしまう。

伊集院　なるほど！　そこが、僕も微笑んじゃう理由なんだろうな。ペストで外出しない。パーティーもない。こんなときに帽子を盗ってもしょうがない。またペスト前みたいにパーティーができる日なんて来るのかしら？　パーティー用の帽子がタダですって!?——この思考回路は、盗人《ぬすっと》のそれとは違いますよね。ここの書き方は本当にすごい。

武田　別のグループの女性たちは、全然悪びれずに、「せっせと帽子を試着していた。辺りを気にせず黙々と没頭する様子は、帽子屋に自分の金で買い物にきた客と変わらない」とも描写されています。本当にリアルで、どうしてそこまで書けるんでしょうね。

普通の感覚だと、やっぱり、泥棒している場面はこそこそとやっているように書いてしまうはずなのに、あえてそうしない。デフォーはものすごい勢いで文章を書く人だったので、ここも瞬時にこう判断していたのだろうと思います。

伊集院　帽子といえば、帽子職人のような人がまず失業していく話にも、がつんとやられました。

　王政復古でたくさんの貴族が戻って来ているロンドンだから、今まで必要なかった飾り帽子のような装飾物も絶対需要があると踏んで、職人は頑張っていたわけですよね。そこに、まさかのペストがやってくる。パーティーもなければ、貴族も逃げ出していく。当然、職人たちはどんどん失業していく。

　これ、今後日本に外国人旅行者がたくさん来てインバウンドが盛り上がるといわれて、日本中が観光産業のギアをひとつ上げたところにコロナがやってきたのとすごく似ています。

　タレント業界も打ちのめされました。「不要不急なものごとをひかえなさい」というのはお笑いにとって地獄のようなフレーズで、コロナ禍の自分の姿と、失業した帽子職人の姿が重なるんです。

武田　そういう状況を思うと、帽子を盗む場面には、ますます奇妙な味わいがありますね。

伊集院　そうなんです。しかもＨ・Ｆのお兄さんが、お前、ロンドンに残っているんだったら見ておいて、と頼む感じも面白い。帽子工場をやっていたお兄さんは、何もかも捨てて逃げ出したんじゃないのかよ、と（笑）。

武田　お兄さんは、もともとＨ・Ｆに「おまえも一緒に脱出しろ」と誘っていたぐらいですからね。悩んだあげく誘いを断ったＨ・Ｆに、お兄さんは説教するんですが、それはそれで、残ってくれるんだったら俺の店の様子を見といてよ、とちゃっかり頼んでいる（笑）。

「死者を捨てる穴」のやりきれなさ

伊集院　『ペストの記憶』の中で、先生がとくに気に入っているエピソードは何ですか。

武田　たくさんあって困るんですが、まず思い浮かぶのは死者を埋葬する「巨大な穴」

のエピソードです。
妻と子供たちがペストで亡くなって、その遺体を運ぶ車の後をフラフラとついていった男が、埋葬人たちに「家族の亡骸《なきがら》が投げこまれるのさえ見られたら帰ります」と落ち着き払って言う。でも、遺体が穴の中にバラバラと投げ込まれるのをその目で見て、途端に絶叫するわけです。

彼が心底嘆いているのは見れば明らかだったものの、悲しみ方は男らしく、涙が止めどなくあふれ出すことはなかった。穏やかに、「ひとりにしてください」と埋葬人たちに頼み、「家族の亡骸が投げこまれるのさえ見られたら帰ります」と告げた。それを聞いた人びとはしつこく注意するのを慎んだ。ところが車が反転し、亡骸が無差別に穴にぶちまけられるのを見た途端、彼は愕然《がくぜん》とした。最低でも穴のなかに丁寧に並べてくれるものと想像していたのだ。(…)それでこの光景を見た途端、もはや抑え切れなくなった男は大声で叫んだ。なにを言ったのかは聴き取れなかったけれど、彼は二、三歩あとずさりし、気を失って倒れてしまった。

ダニエル・デフォー『ペストの記憶』

この場面は、穴を見物に来たH・Fの視点で語られていたはずが、いま引用した箇所になると、すでに男のそばにいる埋葬人の視点に切り替わっています。

つぎに、投げ込まれる遺体を見てショックを受ける男の心理に踏み込んだかと思うと、その男が気を失う様子が——訳文だと少し曖昧《あいまい》ですが——ふたたびH・Fの視点から描かれます。

流れるように自然に書かれていますが、実はショッキングな事態を生々しく伝えるために、さまざまな視点、アングルがパッ、パッと出てくる。まるでよくできたホラー映画のような仕掛けによって、ペスト禍の残酷さが巧みに強調されています。

伊集院　僕もこのシーンが好きです。

かつて、養老孟司《ようろうたけし》さんからうかがったことを思い出します。遺体解剖をする医師は「死体」を解剖するけれど、自分の身内に対して「死体」と言う人はいない。やっぱり身内は「ご遺体」なのだそうです。亡くなった人間の身体は同じでも、関係性によって、その意味はまったく違う。このシーンには、まさに「死体」と「ご遺体」の違いがはっきり出ているように感じます。

さらにぐっときてしまうのは、この現場に、ひとりも悪い人がいないことです。嘆いている男の人だって、ペストで亡くなった妻と子供の遺体をそばに置きたいと言い張るほど、わからず屋じゃない。埋葬される最後の瞬間だけ見せてくれたら、俺は納得するって毅然《きぜん》としている。

それに対して埋葬人だって「いやいや、決まりだから向こう行けよ」と断ってはいないんですよね。「そういうことだったら仕方がない」と、とがめずに、そのまま見せてやっている。

でも埋葬人からしたら、最後は、穴に放り込むしかないですもん。ここで、「死体」を処理する人と、「ご遺体」に会いにきた人の違いが浮き彫りになるし、男は悲しみに耐えきれなくなる。

嫌な奴がひとりも描かれないまま、こういうシーンをつくりあげてしまうことが衝撃的な才能だと思います。もしも埋葬人が底意地の悪いキャラクターだったら、ありがちな話として、腑《ふ》に落ちてしまうんです。でもここでは、埋葬人も情けをかけていますね。

武田　実はこのエピソードには、さらに続きがあります。

ショックを受けて卒倒した男を、埋葬人たちとH・Fが酒場に連れていって、介抱する。するとそこには、ペストのために自暴自棄になっている酔っ払い連中がいて、悲しみに打ちひしがれた男をさんざんコケにするという場面です。
つまり『ペストの記憶』という作品は、男が嘆き悲しんで絶叫した、では終わらせてくれないんですよね。それでは一編の悲劇としてきれいに完結してしまう。でも、実際の生活は悲劇でも喜劇でもなく、ぼんやりした不安が終わることはない。デフォーには、もちろんこの哀れな男に同情する側面もありますが、同時に男の悲劇をコケにする連中のシニカルさも、彼の性格の一部だったのかもしれません。

伊集院　終盤には、埋葬した墓地のその後の話が出てくるじゃないですか。

すでに話したように、疫病が大量の人間の命を奪い去ったために、市街地《シティー》の外にある教区のすべてではないにせよ、その多くが新たに死者を埋葬する土地を掘らねばならなかった。ムーアゲートの北にあるバンヒル・フィールズ墓地についてはすでに触れたが、他にもそういった場所があり、そのなかには今日まで墓地として使われ続けているものもある。しかし、もはや墓地でなくなった場所もあり、正直に言えばいささか違和感を覚えるのだが、そこはのちに別の用途で使われたり、上に建物ができたりした。埋葬されていた亡骸は眠りを妨げられ、痛めつけられ、掘り起こされた。なかにはまだ腐肉が骨に絡みついている遺体もあった。これらは牛馬の糞《ふん》やゴミのように、別の場所に片づけられた。

さきほど話したような悲しい出来事があった埋葬地の上に建物が立つ。時を経て、掘り返された遺体は邪険に扱われる。こういうところも、効いてくるんですね。

書き手であるH・Fの死

武田　いまの引用の直後に、主要な埋葬地の現在の状況が細かく記されていますが、そこに突然、次のような注意書きが入ってくるんです。

注：この記録の著者もまた、この地の下に眠っている。数年前に他界した姉がここ

に埋葬されたので、彼自身がそれを望んだのである。

伊集院　僕も、そこにアンダーラインを引いています。ここでH・Fを死なせるのか!?って。

別に、生きていたっていいじゃないですか、生死不明でもいい。いったいこの小説は、何層構造になっているんだろう。

でも、ここでH・Fが眠っていると書くことで、ロンドンの映像みたいなものがぐわっと広がっていく感じがします。『ペストの記憶』は、H・Fの記録として書かれているんだけれど、もはや記憶でしかなくなっているんだと気づくんですよ。

武田　しかも、小説の本当の締めくくりとして、H・Fが書いた「詩」なるものを載せている。

時は千六百六十五年
恐怖のペスト、ロンドンを襲う

消された命はざっと十万
それでもぼくは生きている！

H・F

注意書きで死なせておいて、最後に「それでもぼくは生きている！」ですからね。これが絶妙に素人っぽい詩で(笑)。

伊集院　この素人っぽさというのは計算なんですか、それともデフォーの詩の才能はそれほどでもなかったのか、どっちなんですか？

武田　その判断は難しいところなんです。両方かもしれない。デフォーは詩も出しているけれど、デフォーを詩人として高く評価している人はあまりいませんね。

伊集院　それにしても、「それでもぼくは生きている」の時間の揺らし方が絶妙ですね。なんだろう、このトリッキーさ。

武田　やっぱり、自分自身の立場が常に不安定だった人だから、直感的にそういうことができてしまうんでしょうね。

伊集院　そういう人だから、H・Fも実は死にましたよ、なんていうことを書けてしまうのか。H・Fが最後に生き延びて終わるのが普通の小説だけど、不安定な人は、いつ自分が失業するか、死んでしまうか不安で、永遠なんて信じていないから、H・Fは死んだと。でも、文章は残ったっていう設定に改めて作家としてのデフォーの気持ちを考えてぐっときますけど。

原発事故の記憶

伊集院　はじめ僕は、コロナ禍を受けて先生がこの本を訳されたと思っていました。でも、武田先生の翻訳は二〇一七年に出版されているんですよね。どういうきっかけで、新たに『ペストの記憶』を訳すことになったんですか。

武田　時間的にはさらにさかのぼって、二〇一〇年に、編集者から「英国十八世紀文学叢書」（研究社）というシリーズの一冊として、デフォー作品を何か訳してほしい、と依頼があったんです。デフォーといえば『ロビンソン・クルーソー』ですが、これはすでに訳していたので、ほかに訳してみたいものはないかな、と考えた結果、『ペストの記憶』を選びました。

本格的に訳し始めたのが二〇一一年三月で、ちょうどこのころ、東日本大震災の原発事故が発生します。その後、放射性物質の数値が毎日のように報告され、それをどう解釈するか、みたいなことで侃々諤々《かんかんがくがく》言い合うようになる。その騒ぎを聞きながら、『ペストの記憶』を訳していると、自分の前の現実と本に描かれた一七世紀のロンドンとの類似に、驚かされることばかりでした。

伊集院　そうか。「原発事故の記憶」として読むことのできる部分がある、ということですよね。

武田　そうなんです。原発事故のあと放射線量が日々報じられるようになって、『ペストの記憶』の中で感染状況が数値で明らかにされていく箇所を思い出しました。それで、これは訳さなきゃいけない、との思いをますます強くしました。とはいえ、翻訳が出るまで少し時間が経ってしまいましたが、結果としてコロナ禍の数年前に本書を出すことになったわけです。

伊集院　コロナのパンデミックが起きた今となっては、感染症が流行したときに読み直すべき本だという位置づけになってしまっているけれど、僕らのあいだでパニックが起こるような人災や天災、そのすべてに通底するということですね。

先生とデフォーは対照的ですね。先生は二〇一一年ごろから徐々に訳して、コロナ前の二〇一七年に本が出版された。対してデフォーは、ロンドンでのペスト流行から六〇年経って、フランスでペストが発生してまたロンドンに来るかもしれないというタイミングですぐに書いていています。デフォーは、明らかにこの本を売ろうと意識していますね。

武田　そうでしょうね。この時期、デフォーは書き手として脂が乗り切っていた時期。

といっても六二歳ですが。

『ロビンソン・クルーソー』を書いたのが五九歳ぐらいですね。驚くべきことに、『ペストの記憶』を出した一七二二年の一年間に、デフォーはこの本を含めて三つの長編小説を刊行しているんです。普通に考えたらありえないペースです。

現代の作家でも筆の速い人はいますが、一年で三冊の長編を刊行する人はまずいません。なかには五年に一冊くらいのペースで本を出す人もいるくらいです。

デフォーが『ペストの記憶』をどう書いたのかは想像するしかないですが、このペースだとゆっくり表現を磨いたり、構成を整える時間はなかったでしょう。ですが、猛然としたスピードからくるごちゃ混ぜ感が、迫力を生み出しているといえます。

伊集院　中盤に出てくる、三人の男の冒険物語だけが続いて、まるで短編小説のような箇所がありますね。構成のバランスを考えるのも面倒臭い、勢いに任せてウワーッとできあがっていったのだろうと読み取れます。

武田　私が「さすらい三人衆」と呼んでいるエピソード群ですね。

いよいよペストがロンドン全域で猛威をふるい、市内と市外との出入りが制限され、現代風にいえばロックダウンの状態になります。そんな中、自分たちの命を守るために、三人の男たちがロンドンを脱出しようとする。途中でぶつかる無理難題に、職人としての特技を活《い》かしたり、庶民的な悪知恵を働かせたりして、見事に生き抜いていく。読んでいてとても痛快な物語です。

この三人の物語も、『ペストの記憶』という本の特徴をよくあらわしています。実はこのエピソードの予告的な文章が、訳書にして八〇ページほども前に挿入されているんです。その間、まったく関係のない話が続いて、突然本編が始まる。とくに何かの効果を狙ったふうでもなく、ただ書きたいように書いている（笑）。

伊集院　思いついた順番なんでしょうね。同じ方向性の話を整理したり、時間軸に沿って書いたりするのでもなく、筆に任せて書いた結果、ゴチャゴチャにカオスな本に仕上がった。そこがこの本の大きな魅力になっているわけですよね。

武田　話が行ったり来たり、ぐるんぐるんと回っていく感じと、ペストがいろいろな方向に広がっていく感じとがぴったり合っているんですよね。

デフォー嫌いの夏目漱石

武田　デフォーのこういう混沌《こんとん》とした書き方って、賛否が分かれるんです。批判者で有名なのは夏目《なつめ》漱石《そうせき》です。彼はデフォーのことを全然評価していませんでした。夏目漱石が東大で英文学を教えていたころの講義録で、『文学評論』という本があるのですが——文学全般を分析した、有名な『文学論』とは別の本で、一八世紀英文学を紹介したものです——デフォーという男は長いものは長いなりに、短いものは短いなりにそのまま書いていて、何の工夫もない作者である、と述べている。

それに比べて、シェイクスピアはいろいろな内容を数行の詩に凝縮している。シェイクスピアのようなものが文学であって、デフォーの小説は文学じゃない、とはっきり言っています。デフォーについては、本当に好みが分かれるんですね。

伊集院　『ペストの記憶』は、ごった煮であるがゆえの読みにくさがある一方で、それが独特の迫力を生み出していると僕は考えています。

クイズ番組で知ったんですが、日本で戦中に小学校で使っていた算数の教科書に「ある町でネズミが大発生してペストが広がりました。クラスの中で一週間に一割の人が感染していくとすると、三週間で四〇人のクラスのうち何人の人が感染するでしょう?」という問題が載っていました。これは大げさにいうと、算数と衛生を分離せずに、ひとつにしているわけですよね。その迫力というか、算数は実用なんだという説得力を強く感じました。ごった煮の迫力というか……。

おそらく夏目漱石の時代になると、文学とはこういうものだといううっすらとした枠はつくられていて、漱石は、それに沿ってこれは文学じゃないと判断していると思うんです。でもデフォーの時代のように、まだ何が小説なのかもよくわかっていない混沌とした時代だったら、こういうものができあがるし、才能のあるものが書けば、枠にとらわれていない分、今の僕らにとって見たこともないすごい本になります。

そういう意味で、『ペストの記憶』って柳田国男《やなぎたくにお》の『遠野物語《とおのものがたり》』と似た構造をもっていると感じました。『遠野物語』も、フィクションなのかノンフィクションなのかよくわからない、虚実ないまぜな書き方をしている。若い語り手から遠野《とおの》の怪談話を聞いて、それを柳田なりに加工したり盛ったりしてリアリティをつくってしまう。

でも、僕がごった煮ノンジャンルの人と思っているデフォーこそが、近代小説の出発点に位置付けられることがあるそうですね。これはどうしてなんですか。

武田　それは非常に鋭い質問です。たしかに正統な文学史では、デフォーが近代的な小説をつくった、とされます。なぜかというと、デフォーは古代ギリシャ・ローマから伝わっている伝統的なレトリックに縛られず、出来事をそのまま書いたために、リアリズム小説の創始者だと言われているからです。

そういうまとめ方が間違っているとはいわないけれど、教科書的には、いま伊集院さんがおっしゃったような、ごたまぜ感とか混沌とした構成は、デフォーが小説の草創期の書き手だったからだ、と片付けられてしまいます。

時代が下って一九世紀になると、小説はもっと芸術として洗練され、構成もしっかりしてきます。これをリアリズム小説の完成形と考えると、どうしてもデフォーは未完成で、アマチュアっぽく見えてしまう。　でも、文学史を離れてデフォーの本当の面白さはなんだろうって考えると、むしろ未完成なところがそのまま魅力になっているんです。

いまから見たら小説っぽいところと、ただの記録みたいな記述が地続きで並んでいる。それを未熟さと見るより個性として楽しむべきだと、僕は思うんです。

伊集院　実に山師的ですよね。こうやったら面白いぞ、こうやったらワクワクするぞ、今までこういう本はなかっただろう、と前のめりに書いている感じがします。

さっきも話に出たように、この本って、矛盾することを平気で書くじゃないですか。ある箇所ではロンドンから逃げたほうがいいって書いているのに、別の箇所では逃げちゃだめだ、と書いている。僕は、このぶれたままのことをぶち込むことが彼の潔さだし、サービス精神だと思っているんです。

そのことと関連してうかがいたいのは、デフォーは、世に売れたい人でもあったわけじゃないですか。そういう欲と、自分の思想なり考えなりが衝突することはなかったんですか。

武田　デフォーの場合はとにかく複雑で、ある時期には当時の首相に雇われて政府支持の論陣を張っていたんですが、そんなときも単に権力におもねっていたかというと、そうでもない。きちんと読むと、彼なりに自分の考えがあってやっていたこともわかるんです。非常に複雑な綱渡りを常にやっていた人で、だから一見すると、曲芸みたいに飛び回って立場を変えていくように見えるんですよね。

伊集院　たぶんデフォー自身の中に、一定の軸はあるんでしょうね。たとえば俳優さんがテレビＣＭを引き受けたときって、多くの人は、「役を演じている」という考え方をするそうです。別に自分の思想と少しぐらい違っても、役としてやっていることだから大丈夫だ、と。むしろお笑いのほうが、「このＣＭの仕事は欲しいけれど、自分の考え方と違うメッセージを出すようなことはできません」と考える人が多いです。

そういう意味で言うと、デフォーには、いろんな考え方の真ん中ぐらいにいて、揺れ続けている感じがあります。喩《たと》えていうと、ある人は、飲食店でサイン色紙を書くときに、断りはしないけれど、料理の評価によって、似顔絵の口のラインの微笑み方を、全部変えるんだそうで、そんな感じ（笑）。人気商売だからどこにでも書くけれども、全部がうまいと思ったわけじゃない痕跡《こんせき》を残すんです。そうやってバランスをとっている。

デフォーにも、その匂いがします。後悔もするんだろうし、傷つきもするんでしょうけど。

武田 そういう人だから、H・Fも実は死にました、と書けたんじゃないですかね。この立場だったら絶対正しいというものを信じられなかった人だから。

話の筋としてはH・Fが生き延びないと終われないからそうするんだけど、どこかにH・Fも死んだと書き込まずにはいられない。

伊集院 いろいろなことをかっちり切り分けてしまうことのつまらなさ。これをどうにかしたいということが、僕自分の中のテーマとしてあるんです。

だから、僕自身がこれから書こうと思っている本は、実は、デフォーみたいな書き方をしたいと思っています。短文の連続で、前の項と後の項で違うことを言っていてもいい。そうすることで立体的になるはずだと思うんですね。

武田 『ペストの記憶』にしても、家族の亡骸を雑に扱われて嘆いている哀れな男の立場だけで書くこともできただろうし、効率よく遺体を処理しなければならない行政側の視点で全部書くことだってできただろうと思うんです。
でもそうではなくて、両方をそのまま書いて、どっちがいいとも悪いとも結論は出さないんですよね。疫病を描いた他の作品を見ても、あまり例がないかもしれません。

伊集院　『ペストの記憶』が一周して画期的なのは、みんなが時短だ、倍速だと言っている世の中で、ひとつのセンテンスだけを読んでもいいような書き方になっていることじゃないですかね。そう考えると、今の時代にも合っている。

武田　たしかに、奇妙に現代的なところがあります。そのひとつの理由は、デフォーが、ジャーナリストとして記事を毎日書いていたことと関係があるかもしれませんね。
デフォーの文章の書き方は、普通の小説家とはまったく違うものです。一七〇四年から一三年までの九年間、基本的に週三回、『レヴュー』という名前の論説紙をたったひとりで書き続けるような、実に旺盛《おうせい》な文筆活動をしていた人物です。そういう猛烈な執筆活動の延長線上に、『ペストの記憶』もありました。

だから、現代の作家が「構想何年」もかけて書くのと同じような、芸術作品としての文学ではない。ある意味で素人っぽい作品なんです。でもその素人っぽさが、絶妙に塩《あん》梅《ばい》されている。それが才能なのかもしれません。

『ロビンソン・クルーソー』との共通点

伊集院　先生は、デフォーの『ロビンソン・クルーソー』についてはどういうふうに思っているんですか。

武田　もちろん『ロビンソン・クルーソー』もすばらしい作品で、自分で翻訳もしています（河出文庫所収）。

ロビンソンが無人島に漂着して、どんな島かもわからないし、いわゆる「食人種」に怯《おび》えて生活をすることが続くわけですよね。そこでどうするかというと、自分でルールをつくるんです。でも、そこでロビンソンもぶれています。あれが正しいんじゃないか、これが正しいんじゃないかとぶれながら、それこそ見えない恐怖と戦いなんとか克服していくわけです。

そこは『ペストの記憶』とちょっと似ています。Ｈ・Ｆもロビンソンも揺れ動いていて、全然安定していない人物であり、それはデフォー自身の姿でもあるのでしょう。

だけど、のちの時代から『ロビンソン・クルーソー』を解釈してしまうと、無人島でひとり果敢に立ち向かって、立派に島を開拓して、個人として自己を確立した立派な人だという話になってしまう。そういうロビンソン像が独り歩きして流通して、いろいろなところに出てくるじゃないですか。出演者が無人島生活をするようなテレビ番組もその影響下にありますね。

実は、ロビンソンがあまり立派になってし

まうのも問題で、二〇世紀には、無人島を開拓するロビンソンと海外の植民地を開発する西洋人のイメージが重ね合わされて、『ロビンソン・クルーソー』は植民地支配を肯定する文学だ、という批判も出てきました。

この批判は決して間違いではありませんが、実際に原作を読むと、無人島をしっかり管理するロビンソンだけではなくて、先行きの見えない不安に怯え、右往左往するロビンソンも描かれている。でも、それがかえって救いにもなっているんです。

伊集院　この本でも取り上げるコッローディの『ピノッキオの冒険』も、ディズニー映画になって大きく変形させられているんですが、『ロビンソン・クルーソー』も美化されてしまったところがあるんですね。

『ロビンソン・クルーソー』を読んでみて気づいたのが、ロビンソン・クルーソーが危険な冒険に行こうとするのに対して、H・Fはロンドンに残って冒険をしていることです。方向は真逆だけど、冒険という点では似ていると思いました。

武田　しかもH・Fにしてもロビンソンにしても、冒険に出る動機は必ずしも立派な動機だけではないんですよね。

ふたりとも、少なからず好奇心に駆られている。たとえば『ペストの記憶』だったら、H・Fが死者を埋める穴に行く場面でも、単なる怖い物見たさの好奇心で行っているのか、それとも何かの使命感で行っているのか、どちらとも取れるように書いている。

穴のある教会墓地に着くと、彼の知り合いの墓掘りが見張っていて、「入るのを止めておけ」と真剣に諭されます。「俺たちがどんな危険なことでも怖がらずにやってるのは、これが俺たちに課された仕事で、義務だからだ。（…）ところがあんたは好奇心に駆られたというだけで、ここに来るはっきりした訳はほかになさそうだ」と。

これに対し、H・Fはこう答えます。

「なかに入れ、と心のなかで駆り立てられているんだ。それに教訓となる光景が広がっている気もするし、役に立たないことはないはずだよ。」

すると墓掘りは、「そういう理由で踏みこむ覚悟であれば、神の名のもとにお入りなさい。（…）あの光景は見る者に語りかけてくる。声が聞こえるんだ。それも大きな声が。あれを聞けば、誰でも悔い改めるだろう」と言って扉を開けるんですが、それを聞いたH・Fの決意はぐらつき、入るべきか悩みます。

ですが、そこにちょうど遺体を運ぶ馬車が入ってきたので、「あれを見たいという欲望に抗《あらが》えなくなった」と彼は、なかに入ります。

伊集院　これまたうまく揺らしていますよね。

武田　結局は人間の気持ちなので、正解はないわけです。個人の私欲と、ぜひこの出来事の記録を残したいという使命感。両方ないまぜになっているし、ひょっとしたら使命感を口実に、自分の欲望をかなえているだけかもしれない。

伊集院　逆に、その場その場で言い訳を書いていくと、意外と真実に近づいていたりするのかもしれません。本当は好奇心で行ってみたものの、「好奇心です」と言うと止められてしまうから、「教訓が得られるはずだ」と半ば口から出任せで言う。この全部入りみたいなことは、日頃の僕らの脳内でも起こっているわけで、とてもリアルだと感じます。

どこからでも読める本

伊集院　ついでにいうと、先生の指摘された見えない何かに対する不安と、それを見てやろうという欲望が、同時に出ていますよね。ペストやコロナでは、恐怖の対象が見えるという過信と、でも本当は見えないという絶望が、繰り返されていく。

でもそういう見えないものを前にしても、ＡＩなどのテクノロジーに任せれば必要な答えがわかると、いまだに思われているじゃないですか。

僕は、ぱっと見える範囲内だけで効率的だと思ってしまうことの危険さを、いつも思うんです。決まりやシステムを完璧《かんぺき》につくったと思っても、人間はそれでは生きていけない。そういうことをデフォーは何百年も前に書いてくれているのに、僕らはそれをしっかり活かせてこなかった気がします。

武田　コロナのような危機に立ったときでないと、なかなか気づけないんですよね。『ペストの記憶』だって、コロナ前にそれほど読まれていたわけではありませんし、コロナをきっかけに読まれて、「あっ、そうか」と思われる。そういうところが、どうしてもあるんです。ただ、誤解のないように言っておくと、『ペストの記憶』を読むことで、コロナ禍に対するわかりやすい対策が見つかるというわけではないんですよね。

伊集院 新型コロナは新型コロナだし、ペストはペストだから、そこを同一視するのは違う。コロナに対する策が書いてあるわけでもないけれど、見えない恐怖を前にして、人間はこんなに右往左往するんだということは確実に読み取れる。

この本から学ぶべきは、ペストという見えない恐怖の中で、いろいろな意見や議論があったこと、失敗していることを、ちゃんと残すということだと思っています。

今の政治には、コロナにかかわらず、失敗したことの責任を取らされたくないから、記録を残さないところがありますね。コロナ禍はやがて終わるかもしれないけど、今回のコロナ禍の中で、正しいと思ってやったけどうまくいかなかったことはいっぱいあるはずです。

ひるがえって、デフォーのいい加減さや、いろいろなものに手を出すサービス精神が功を奏して、ペストで起きた一切合切が記録されているわけですよね。迷いや矛盾する意見も全部、残されている。

武田 そのとおりです。『ペストの記憶』を読むと、危機の中で人間はどういうふうに振る舞うのか、社会はどんなふうになるのかという観察者の視点を得られますね。

普通の人が帽子を盗む場面ひとつをとってもそうです。『ペストの記憶』の端々に、そういう、私たち自身の思い当たるところが、きっとあると思うんですよね。それは、いまコロナ禍で起きていることを理解することにもつながってくるでしょう。だからこの本は、目についたところを開いてぱっと見るような読み方でもいいのだと思います。『ロビンソン・クルーソー』にも『ペストの記憶』にも、聖書が登場します。そしてどちらの本にも、ぱっと聖書を開いたら、心に響く言葉に巡りあい、悩みを克服するきっかけになった、という記述がある。デフォーの書いている作品も、同じような読み方ができるんです。

最初から読む必要はなくて、ちょっと開いて面白いなと思ったところを読めばいい。それでも、現在の生活を振り返るきっかけとなるような一節が絶対あるはずです。そこから今度は、それぞれの読者の方の「コロナの記憶」が紡がれていくといいですよね。

和 田 忠 彦 × 伊 集 院 光

ピノッキオは死にました。でも……

コッローディ

『ピノッキオの冒険』

和田忠彦　わだ ただひこ

東京外国語大学名誉教授。専門はイタリア近現代文学。ウンベルト・エーコ『文学について』(岩波書店)など訳書多数。『ピノッキオの冒険』の新訳を刊行予定。

コッローディ『ピノッキオの冒険』はこんな名著

世界でもっともよく知られた人形キャラクターでありながら、その物語全体を正確に知っている人はきわめて少ない。それがカルロ・コッローディ作『ピノッキオの冒険』です。

一本の「まるたん棒」がひとりの大工の手で、あやつり人形に姿を変え、ピノッキオと名づけられる。まるたん棒から人形へ、そして冒険を重ねて人間の少年へ。変身譚《たん》の小気味よい語りに身をゆだね、ピノッキオの身の上にハラハラ、ドキドキ、ほろりを繰り返しているうちに、気がつけばわたしたち読者みずからが幾つもの人生を生きてきたみたい——この物語が二年の新聞連載を経て本になったのが一八八三年のこと。イタリアが生んだ文学作品のなかでもっとも多くの外国語に翻訳されている世界的ロングセラーなのに、「ピノキオ」という名前は知っていても、原作が一九世紀にイタリア語で書かれたことも、愛らしいチロリアンハットなど被《かぶ》っていないことも、じつは知らない人が圧倒的に多い。

それは間違いなく、一九三九年制作、翌四〇年公開のウォルト・ディズニーによるアニメーション映画が八〇年以上にわたって、イタリアもふくめた世界中の子どもたちに滲透《しんとう》させてきた物語（の夢）の結果（成果？）であると言うことができます。ジミニー・クリケットの歌う「星に願いを」のメロディーとともに人びとの記憶に刻まれている愛らしい人形が、幾多の冒険の果てにむかえるハッピーエンド——その心地よさが観客＝読者をとらえて放さないと言ってもいいでしょう。

けれど一度でも、原作に描かれたあやつり人形ピノッキオと物語のなかで向き合った読者の眼に映るのは、まるたん棒から人形へ、そして人間の男の子へという変身譚のなかに人生そのものを凝縮して見せてくれる存在、あるいは、かつて子どもだった大人たちが、そして現代に生きるわたしたちがたどる生涯を最後まで見通した末期の眼をもつ存在としてのピノッキオに他なりません。わたしたちそれぞれが自身のすがたを、過去にせよ、現在にせよ、未来にせよ、見出《みいだ》してしまう物語──それが『ピノッキオの冒険』なのです。

だからこそ、「わたしのピノッキオ」が、ディズニーもふくめて、映像や演劇、美術に形態を変えて、いまなお途切れることなく描かれつづけているのでしょう。映像作品だけでも、一九七二年の（日本でも放映された）ルイージ・コメンチーニの長編テレビシリーズ、二〇〇二年のロベルト・ベニーニと一九年のマッテオ・ガローネ、二二年秋のロバート・ゼメキスによる映画、そして二二年末にネット配信がはじまったギレルモ・デル・トロによるミュージカルアニメと、それぞれ考え抜かれた解釈を反映したものばかり。

誕生から一四〇年を超えてなお読み継がれているあやつり人形の物語──「ピノッキオはわたしだ」と、読みながらそして読み終えたときに痛切に感じる、その体験を大切に携えて次の世代に手渡すために、ピノッキオといっしょに冒険に出てみませんか？

（和田忠彦）

落語のような会話のリズム

伊集院　『ピノッキオの冒険』を読んで、落語に近いなと感じたんです。落語が描く江戸って、理屈の世の中じゃあない。現代に比べると、全然、デオドラント（脱臭）も整理整頓《せいとん》もされていない。憎み合っているのか仲がいいのかという境や、善人なのか悪人なのかの境目がはっきりしない人たちが出てきます。たとえば、

「おい、くたばりぞこない、まだ生きてやがったか、しばらく鼻の頭見せねえから、ついにくたばったかと思ったよ、香典出すのが惜しいから、ボケたついでにしばらく死ぬのも忘れちまえ」

などと言う。こういう江戸っ子の温かみを含んだような口の悪さと、無知で間抜けな長屋の住人の与太郎が絡むと落語のリズムができあがるんですが、まさに、ピノッキオもかなり無知で間抜けで……。とにかく読んでいてリズムがとても心地いいんですよね。

ピノッキオ落語説、無理やり過ぎますかね？

和田　とても的確だと思います。『ピノッキオの冒険』は、物語を組み立てるうえで非常に大切なスピード感を一貫して保っている。
物語の速さやテンポを保つのって簡単じゃない。スピードを出しても読者がついてこられるようにしなければいけないし、物語の筋が脱線しないやり方で運んでいかなければいけない。それは相当技量がないとできません。

伊集院　そして落語的なのが、斜に構えたというかひねくれたというか、物語の書き出しです。これがとてもいい（笑）。

昔むかしあるところに……
「ひとりの王さまがいたんだ！」わたしのちいさな読者たちはきっとすぐに言うにちがいない。
「いいえ、みなさん、それはまちがいです。昔むかしあるところに、まるたんぼうが一本、あったのです」

（和田忠彦 訳、以下同）

「よくあるベタな童話なんて読みたくないでしょ」という作者のメッセージがいきなりきますよね。

ラジオの深夜放送も、こういうひねくれ方をリスナーと共有します。「テレビだったらこうくるけれども、そんな建前は飽き飽きでしょ」ってな感じで。

そういうことができるのは、自分につきあってくれる人がいると信じているからです。これに対して、普通の話に飽き飽きしている人たちが「わかってるねえ、面白そうだな」って感じてくれると思うんです。

和田　『ピノッキオの冒険』ではその後、今度は、まるたん棒が「やめて！　くすぐったいじゃないか！」と喋《しゃべ》りだします。読者は、棒のくせに感覚があったり、言葉を持っていたりするところに目がいくでしょうね。いったいどうして棒が喋りだすのか？

その後、棒の持ち主であるさくらんぼ親方と、棒を譲り受けるジェッペットの口ゲンカがまたいいんです。

「そんな具合に見下すなんて、どういう了見だい？」

「誰が見下したって？」

「トウモロコシ粥《ポレンディーナ》と言っただろうが！」

「おれじゃあない」

「だったらわたしが言ったとでも？　お前さんが言ったにきまってるじゃないか」

「おれじゃあない！」

「お前さんだ！」

「ちがう！」

「ちがわないね！」

伊集院　最高ですよね。ここなんて、古今亭志《ここんていし》ん生《しょう》っぽい。ピノッキオの生みの親になるジェッペットおじさんは、「トウモロコシ粥《がゆ》」というあだ名で呼ばれるのが大嫌い。なのに棒が「いいぞ！　トウモロコシ粥」とやる。まさか棒が喋るとは思わないし、部屋には親方とおじさんのふたりしかいない。そこで、
「今おまえさん、何か言ったかい？」

「言っちゃあいないよ」

「嘘つけ！　たしかに、トウモロコシ粥って聞こえたぞ！」

もう、すぐに新作落語「檜男《ひのきお》」が書けちゃう（笑）。「トウモロコシ粥」は、食べたことないんですけど、イタリア語ではなんていうんですか？

和田　イタリア語では「ポレンディーナ（Polendina）」です。ポレンタ（Polenta）って、北イタリアで貧しい人たちが食べる料理なんですけれど、それに「-ina」っていう「ちいさな」とか「かわいらしい」って感じの出る縮小辞をつけて名前にして言っています。

伊集院　いいですね。ケチな人を「ケチ兵衛」とかいう感じかな。火喰《ひく》い親方という登場人物もいますが、これも絶対いい感じの響きなんでしょうね。

和田　うん、マンジャフオーコ（Mangiafuoco）というんです（笑）。文字どおり「火を喰う」「火喰い」って意味なんです。

伊集院　それなんですよ！　やっぱり響きが良い！　イタリア語ができないと、それがわからないのが悔しい。

和田　落語的ということでいうと、作者のコッローディは、たとえば人形遣いの火喰い親方のように、一見強面《こわもて》なんだけれど、すぐにホロッとしてしまう涙もろさもある、そんな人物造形の仕方がとても上手なんです。

ピノッキオを騙《だま》すキツネとネコにしても、悪いやつではあるけれど、悪さをするのにためらっている様子も、きちんと描けている。

伊集院　それは、シナリオ教室で習うような上手さと違いますよね。多面的な人物造形をテクニックで書く人もいっぱいいるでしょうけど、コッローディが作り出すキャラクターには、魂が入っている感じがするんです。頭の中で動かしたら、勝手にこんなこと言い出した、っていう感じです。

火喰い親方なんて、あくどい役回りなのに人情家でもあって、同情するとくしゃみが止まらなくなる癖がある。「悪人のようだけど涙もろい」まではなんとか思いついても、心が動くとくしゃみが止まらないっていう設定は天才的ですね。わんわん泣き出す以上に滑稽《こっけい》で面白みがあります。

こういうキャラクターは、理屈や技術だけじゃ描けないです。

和田　作者のコッローディ自身が分裂した性格の持ち主です。

彼は、子供向けの教科書を一生懸命、精力的に書いた一方で、ギャンブル依存症でもあった。切った張ったじゃないけど、全財産を賭《か》けては擦って、ということの繰り返しの中で手にした人間観察力かもしれません。

伊集院　和田先生は、主人公のピノッキオと作者のコッローディに重なるところがあるとおっしゃっていましたね。

それを聞いたうえで読んでいくと、コッローディは、物語を書くなかでピノッキオを育てながら、コッローディ自身も育っていったような感じがします。ピノッキオが改心しても改心しても、欲や好奇心を抑えられずにやらかしてしまう。破滅寸前のピノッキオを救済するときに、作者自身も救われたり、どうすればよいのかを学んだり。

まるでピノッキオを書くことが作者のセルフカウンセリングになっているような印象を受けるんです。ピノッキオの物語が予測不可能で面白いのは、作者自身が不安定だからだと思います。

それが一番わかりやすいのは、一度、ピノッキオが首をくくられて死んでしまうところ。


激しい北風が吹いてきて、ピューピューごうごう怒り狂うものだから、かわいそうに、しばり首にされた人形は、はげしくゆれて、あちこちからだじゅうが、ゴツンゴツンと幹にぶつかって、まるで祭りのときに打ち鳴らされる鐘の《舌》みたいだった。あまりにはげしくゆれるものだから、さすがのピノッキオも、強い痙攣《けいれん》におそわれ、おまけに首の縄もぐいぐい絞まってきて、いまにも息ができなくなりそうだ。(…)

息がつまって、その先はなにも言えなかった。瞳《ひとみ》を閉じ口を開け、両脚を垂らし、そして一度ぶるんと身ぶるいをすると、そのまま凍ったように動かなくなった。

僕はこのくだりを読んで最初は面喰らってしまいました。「ピノッキオは死にました。おしまい」ってことでしょう。

さらに先生にうかがって衝撃を受けたのが、こうなった理由。借金返済のためにピノッキオを書いていた作者が、借金を完済した。そうしたらもうピノッキオを続ける必要がなくなったから、ピノッキオを死なせて強引に物語を終わらせようとしたという話です。

でもその後、「ピノッキオを殺さないで」という子供からの感想がたくさん来たのを受けて、ピノッキオはよみがえり、物語が再開されることになったと。

和田　そうです。おそらく生き返った後のピノッキオにはコッローディ自身の姿が深く大きく入りこんでいる。木に吊《つる》される前までのピノッキオには、入っていない。

伊集院　なるほど。当初は、食っていくためにしかたなく原稿を書いていただけだから。

和田　そうそう。最初は、物語を書くことも、言ってみれば嘗《な》めている。でも子供たちのほうは、それを嘗めているとは思わなかったし、むしろ大いに喜ぶという反応が起きてしまった。

伊集院　そうか、それであの斜に構えた書き出しなんだ。それが、今まで読んだこともないような破天荒な物語に出会った子供たちに受けちゃった。

でも、個人的に感じるのは、生き返って以降のピノッキオの物語って一皮むけたっていうか、書き方ががらりと変わったというか。

和田　コッローディにとって、自分を投影しないかぎり、物語のつづきが書けなかったともいえるでしょう。

伊集院　それが偶然というか、必然というか、木の棒が木の人形となり、どんどん人間らしくなっていく過程とリンクしているのってすごくないですか。

わかりやすい善人や悪人は描かない

伊集院　借金の件をもう少し詳しくお聞きしたいのですが、そもそも、コッローディがギャンブル依存症で身を持ち崩しているところに、出版社から童話を書いてほしいという依頼があって、執筆がはじまったんでしたね。

和田　そうです。もともとコッローディは児童向け教科書の書き手でしたから、世間的にはその顔で十二分に通用していたはずなんです。

でも裏では旅行とギャンブルに明け暮れて散財し、挙げ句の果ては破産状態に陥ってしまった。そういうとき、イタリア初の子供向け新聞を創刊しようとしていた出版社から、童話の連載依頼を受けるのです。

コッローディが「稿料をはずんでくれるなら書かないでもないが」と返事をしたところ、途方もなく魅力的な原稿料を提示された。それで書きはじめたのが『ピノッキオの冒険』だったわけです。

伊集院　最初はかなりやさぐれた状態で書きはじめているからか、物語の始まりからとんでもない展開の連続ですね。読者の子供たちに「こんなの見たことねえだろ。こんなのどうだ」と見せつけているような。

実は僕にとって、ラジオの深夜放送デビューがまさにそんな感じだったんですよ。もともとテレビやラジオに出たいっていう意識がなくて、古典落語を演芸場でやっていくつもりでしたが、行き詰まっているところに人から頼まれて、いやいやではないまでも、なんとなくラジオを始めました。

長くやるつもりもないし、テレビ、ラジオを寄席演芸より下に思っていた時期でした。「他のコメディアンと、俺は違うからな」なんて気持ちで、調子に乗って毒舌を吐きまくったのがウケ始めて……。誤解を恐れずに言うと、別に愛や使命感を持って喋っているわけでもないから、「これでも喰らえ！」みたいな感じでやっていた時期があったんです。

だから借金のためだけに書いているコッローディが「これでも喰らえ！」的な物語を書く気持ちがわかります。


和田　そもそもピノッキオを書きはじめた時点で、コッローディのバックグラウンドは、途轍《とてつ》もなく広いんです。

すでにして、おとぎ話も怖い話も、国内外問わずかたっぱしから童話を読んでいるから、いろんな引き出しを持っている。加えて風刺作家としての顔もありましたから、時代を読む力や、取り込む能力も高い。

自分の持っているものを「これでもか」というほどに盛り込んで書いてみたら、意外なことに子供たちが面白がるわけです。これはすごいって。

もっとも熱心な読者である子供たちから、連載の再開を強く求められたとき、コッローディは本当の意味で作家になったというわけですね。

伊集院　バックボーンや才能の話を比較できるかはおいておいて、さきほどの僕のラジ

オの深夜放送の話なんですけど——夜中の三時からだったんです。

正直こんな時間、どうせ誰も聴いていないだろって思っていました。でもハガキが届くようになって、こんな時間に起きて僕のラジオを聴いている人がいるんだって実感するようになると、何か自分の中でも、方向性が変わって来たんですよね。

和田　似ていますね。たぶんコッローディに寄せられた連載再開の要望が、伊集院さんにとってはリスナーからのハガキだったんですね。

伊集院　彼のすさみ方やひねくれ方って、登場人物にも感じるんです。善人が善人として登場しなかったり、悪人が悪人として登場しなかったり。もっと言うと、ほぼみんな嫌な奴じゃないですか（笑）。

仙女ですら、僕はちょっと引っかかるところがありますし、まるたん棒からピノッキオを生み出したジェッペットも、「トウモロコシ粥」と言われるとぶちギレたり、この人も相当変です。

和田　ジェッペットって、ディズニー映画では、薄っぺらい単なる善意のおじいさんでしかないんだけど、原作ではもっといろいろな苦労を抱え込んでいます。

そうしたことへの恨みとか憤りとか、全部を身体の中に呑《の》み込んだ状態で、どうにか貧しく暮らしている。そういう境遇で偶然、まるたん棒、つまりピノッキオと出会うわけです。

伊集院　ジェッペットの過去も洗ってみると、相当何かありそうですね（笑）。

薄汚い部屋に閉じこもって、人形を作り続ける老人。想像するに、世間とは歩調が合わない人じゃないかな。

さらに妄想を進めると、パイプをくゆらせながらピノッキオと話しているのだって、大麻を吸いながら木の人形と喋った気になってるのでは……。コオロギが這《は》っているような部屋で……。

その部屋だって、ディズニー映画や絵本では、貧しいとはいえかわいらしい絵柄になってしまいますが、小説だけを読んで頭の中で想像すると、もっと悲惨なはずです。

和田　ノート一冊すら買うお金もないし、部屋にある小さな暖炉も「その火は絵に描いたもの。そして火のそばには、鍋《なべ》もひとつ描いてあって、なにかがぐつぐつ煮えて、湯気の雲をたなびかせていたが、それがまたほんものそっくりだった」ですからね。要するに金もなければ食べ物もない。

伊集院　「トウモロコシ粥」と呼ばれるとキレる一方で、ピノッキオにはとことん優しい。ふつう、童話に出てくる優しい人間は、貧しくとも品行方正で非の打ち所のない道徳的な人間なんだけど、コッローディはそんなのは嘘だと思っていたんでしょうね。ちゃんとキレる（笑）。

さらに当の主人公は、重要な相棒になるはずのコオロギをいきなり殺す。

「いいか、縁起の悪いばかコオロギ、ぼくを怒らせたらただじゃすまないぞ……！」

「かわいそうなピノッキオ！　気の毒で仕方がないよ……！」

「気の毒？　どうして？」

「なぜって、きみがあやつり人形だから。そして、もっと悪いことには、頭の中まで木製だから」

最後の言葉を聞いた瞬間、ピノッキオは怒りのあまり飛びあがり、作業台の木槌《きづち》をつかんで喋るコオロギに投げつけた。

たぶん、ほんとうに当たるとは思っていなかったんだろうね。だけど痛ましいことに、木槌はコオロギの頭にぴたりと命中した。こうして、かわいそうなコオロギは「クリ、クリ、クリ」と細い鳴き声をあげてから、その場で息絶え、壁にへばりついたまま動かなくなった。

和田　これは衝撃的ですね。コオロギは、わがまま放題のピノッキオに対して、道徳的に正しいことをいろいろ諭《さと》すけれど、ピノッキオは聞く耳をもたないどころか、怒って木槌を投げつけて一瞬にしてコオロギを殺してしまう。

伊集院　コオロギのキャラも、ディズニー映画と全然違いますもんね。ディズニーでは、コオロギは妖精《ようせい》からピノッキオの矯正役を任される。ちゃんと仕事をしたら勲章をもらえるという交換条件付きだから、一生懸命な理由がよくわかるじゃないですか。でも、原作のコオロギにそういう設定はない。

コオロギもけっこう衝動的だし、怒るときはすごく怒る。道徳の指南役だけど、本人も情緒不安定ですよね。

和田　コオロギは、ピノッキオの運命を予言する存在なんですね。最初に登場したときは、曖昧《あいまい》な言い方でピノッキオの未来を予見します。それであっという間にピノッキオに殺されてしまう。

次に幽霊としてあらわれたときは、「さよなら、ピノッキオ。神さまが、おまえを夜露と人殺しからまもってくれますように」と言う。実際、その後にピノッキオは人殺しに出会ってしまうわけです。

でも最後の場面で再びあらわれたコオロギがアドバイスすると、ピノッキオはそれに素直に従うんですね。

キツネとネコがあらわすもの

伊集院　ピノッキオを騙す詐欺師のキツネとネコも相当変です。これがイタリアの一九世紀当時の身体障害者の象徴なんだと先生からうかがって、どきっとしました。

僕は昭和四二年生まれですが、子供のとき縁日に行くと、傷痍《しょうい》軍人の人たちがいて、募金を求めていました。縁日に一緒に行ったおじいちゃんは戦争経験者なので、戦争で傷ついた人たちの大変さは十分に理解しながらも、同時に、「傷痍軍人の中には偽者がいる」という話をするんです。

しかもおじいちゃんは『ピノッキオ』の登場人物よろしく口が悪いから、「戦争終わって三〇年近く経ってから新入りの傷痍軍人なんているわけねえだろ」みたいなことをギャグの口調で言う。

そういう子供時代を過ごしていると、キツネとネコのリアリティがよくわかります。目の見えないふりをして、人からお金を取ろうとしている人がいるかもしれないなんて少しでも考える子供は、いまなら、悪い子に分類されると思うんです。目が見えない人はすぐ助けに行きましょう、というのが当たり前になっているから。

だけど荒れている時代のイタリアで過ごしていた子供たちは、悪がわかりやすく悪としてあるわけがないということを、たぶん知っていましたよね。


和田　『ピノッキオの冒険』が連載されていたころ、まだ統一後まもないイタリアでは社会は混乱状態にありました。そういう状況下で身体に障害をもつということは、社会から切り捨てられることを意味します。

そうやって切り捨てられた人間が、なんとかして社会と関わろうとしたら、物乞《ものご》いをするか詐欺をするくらいしかない。コッローディは風刺作家として、そういう厳しい現実を童話に託して描いているように思うんです。

ただこれは、いまでも、ある意味では、イタリアで目にする光景です。たとえばナポりへ行って、日中ぶらぶらしているとね、窓の上からおばさんたちが「ダメだよ、腕に時計なんかしてちゃ」とか、「財布見えてるよ」とか、声をかけるわけ。だけど声をかけているおばちゃんの連れ合いがそれを盗《と》る人だったりするわけです。

伊集院　案の定、キツネとネコが強盗になってピノッキオに襲いかかる。

そこで今度は、背の低いほうの追いはぎが合口《あいくち》を取りだして、テコかノミでも使うみたいに、くちびるのあいだにねじ込もうとした。ところがピノッキオは、稲妻みたいに素早くそいつの手に噛《か》みつくと手首ごと食いちぎって、ペッと吐きだした。するとどうしたことか、地べたに転がったのは、人間の手ではなく、猫の前足だった。

このシーンのなんと生々しいことか、もはや血の味のするような命の取り合い。まあ今のコンプライアンスでは「なし」ですねえ。すばらしいのに。

和田　すばらしいですよね。

伊集院　児童書で書いてよいのはこれくらい、なんて思っている連中に「これでも喰らえ！」って爆弾を投げかけているようです。

僕が中学生くらいのとき、ビートたけしさんがテレビやラジオに現れて、「赤信号、みんなで渡れば怖くない」みたいなことを言い出したときも、やっぱり「これでも喰らえ！」を感じました。

世間が建前で埋めつくされるようになると、そういう人が現れて、人気をさらっていく。たけしさんもおそらく複雑な環境で生きてきているから、当たり前の建前がくそつまんないことがわかっているんですよね。

和田　実際われわれが生きている人生って、そんなわかりやすい道徳で割り切れるようなものでは到底ありませんよね。

「悪い人が悪い」ということの愚かさを知っているわけです。騙されるほうが悪いとか、盗まれるほうが悪いというのは、ある真実を突いています。要するになぜ自分が騙されたのかを考えなかったらまた同じ目に遭うということです。

だから今度は一歩先を行って、自分を騙そうとしている奴を引っかける。そこまで行かないとダメだという感覚は、たぶん変わらずにずっとあるんだろうと思います。

伊集院　オレオレ詐欺に引っかかったふりをしたおばあちゃんが、オレオレ詐欺を警察に突き出すのに一役買うということや、今度はその上を行くオレオレ詐欺が出てきたりする。それはいつの時代もそうなんでしょうね。

だけど、子供向けの作品にはそういうことを全部書かないっていう常識があって、子供に対しては「悪い奴には罰が当たる」「良い人は良いことを続けて報われる」と言っておいたほうがいい。

けれど子供は、そんなにうまくいかないんじゃないかなというのを直感的にわかっているから、『ピノッキオの冒険』に子供なりのリアリティを感じているんじゃないですか。

和田　その最たるエピソードが、ピノッキオが再びキツネとネコに出くわして騙された、当の被害者であるにもかかわらず、牢屋《ろうや》に入れられてしまう場面です。
裁判の席でピノッキオは、自分が引っかかった詐欺の手口を洗いざらい話して訴える。
その後の裁判官の判決がこうです。

「この哀れな者は、金貨を四枚盗まれた。よって、ただちにこの者を捕らえ、牢に入れるよう申しつける」

コッローディにしてみれば、子供よりはむしろ大人に、世間に、こういう不条理を吐き出したかったんだと思います。
大人が子供に向かって読んで聞かせるわけですから、そのときに、大人も自分のこととして考えてほしかったんでしょう。でも子供のほうが、すぐにわかっちゃうんです。そういう目にしょっちゅう遭っているんだから。

伊集院　そうですよね。知らない人について行っちゃダメと言っておきながら、知らない人でも困っていたら助けなさいという大人。夜更かしするのを怒っているくせに、自分たちは夜更かししている大人。

　子供はそういう不条理にずっと囲まれているわけです。だけどそれを大人にぶつけたところで、屁理屈《へりくつ》を言うな、と返される。

　だけどこの物語の作者は、そんな不条理があるよね、ということを当たり前のように書いている。そりゃ子供は、嬉《うれ》しくなるでしょうね。

和田　本当にそのとおり。こんな判決ありえない、というのが大人の反応ですよね。でも実際には、いまの日本だって、ありえないような馬鹿げたことがしょっちゅう起こっていますから、わたしたちは共感するんです。

サメの喩え

伊集院　物語の中にピノッキオたちを呑み込むサメが出てきます。これは比喩《ひゆ》なのだと、先生が説明してくれました。

「いまごろは、あのおそろしいサメに呑みこまれているでしょう。ここ数日、このあたりにすがたを見せて以来、私たちの海に、破滅と破壊をまき散らしているのですから」

「そのサメって、とても大きいの？」とピノッキオは訊《たず》ねたが、そのそばから怖くて震えはじめていた。

「大きいかですって？」とイルカは応《こた》えた。「どんな感じか、あなたにわかってもらうためには、そうですね、からだは五階建ての建物より大きくて、口はといえば、それはそれは大きくて深くて、蒸気機関車がまるごと余裕で通り抜けられるくらい」

和田先生によれば、このサメは大企業であり、産業革命なんだと。完璧《かんぺき》な喩《たと》えですね。そこに貧しい職人のジェッペット爺《じい》さんが呑み込まれていく。風刺作家の面目躍如ですね。

和田　イギリスで、最初の鉄道が走ったのが一八二五年ですから、まだ半世紀ちょっとしか経っていない時期に書かれているんですよ。イタリアでは、一八三九年にナポリから最初の鉄路が敷かれて以来、鉄道網の総延長距離が六五〇〇キロメートルくらいまできたころです。

伊集院　鉄道で儲《もう》かる人、鉄道でよりスピーディーに働けたり旅行に行けたりする人たちは、鉄道を夢のようだと思ったかもしれない。でも、コッローディにとっては恐怖だったんでしょうね。自分たちを弾《はじ》き飛ばす、もしくは呑み込むものだった。加速するスピード感を歓迎しなかったのかもしれません。

この喩え方だけでもすごいんだけど、さらにサメは貨物船も呑み込んでいるじゃないですか。

最初はサメの巨大さを表現しているんだと思ったんですが、ジェッペットはその積み荷の食べ物や日用品を拝借して生きてきたという話をしますよね。サメに呑まれているからひどい暮らしをしているようだけど、いや、待てよと。金も食べ物もなかったジェッペットからすれば、缶詰やら日用品がある暮らしはランクアップしていますね。

和田　そう、とても暮らしがよくなっている。だからサメの体内に二年もいたわけです

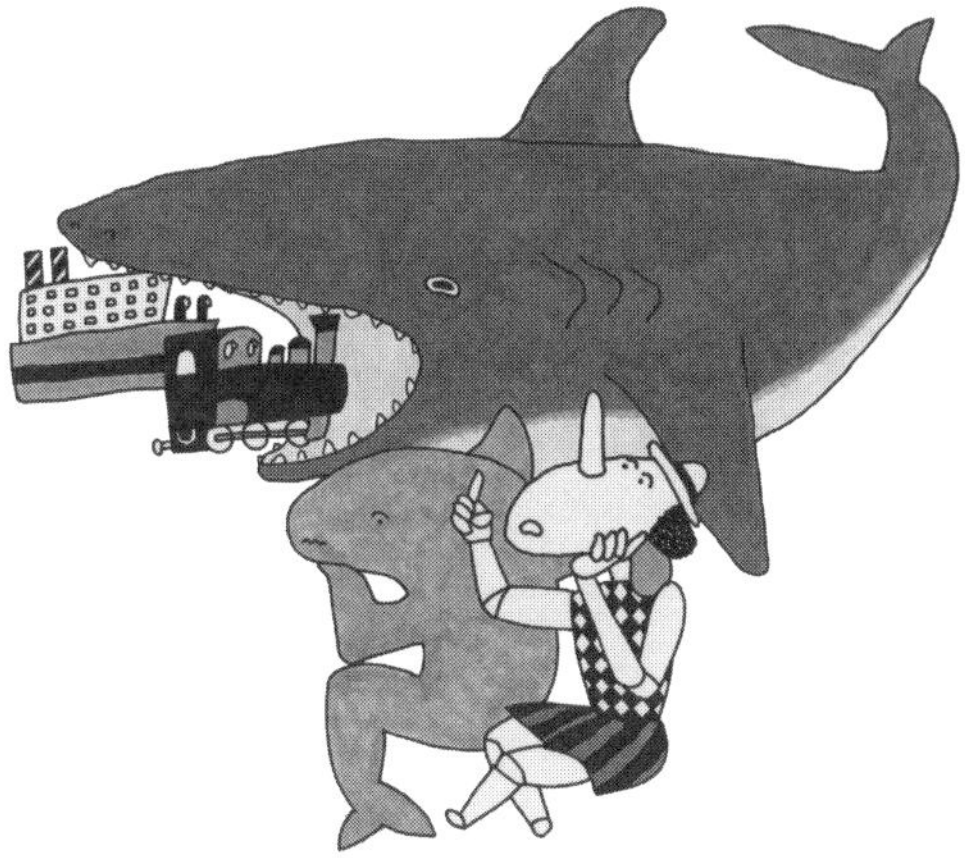

よ。

伊集院　暮らしはよくなるのと引き換えに、企業に属して義務を負い、自由はなくなる、でもここにいれば生活が上向くというのは、産業革命後の社会そのものですね。

和田　社会の歯車のひとつになっているということですよね。たぶん当時のコッローディの感覚としては、自分たちの暮らしを呑み込んでいったイタリア王国そのものが巨大なサメなんですね。

ただ、街の景色は大して変わってないんですよ。今だって、わたしたちがフィレンツェの街へ行って、コッローディの暮らした界隈《かいわい》を歩いてもほとんど変わりません。

伊集院　いつのまにかイタリア全体がスピードアップしていることと新しい価値観に巻き込まれることが、喩えられていたと。

ほそぼそと人形を作るような暮らしが許されなくなって、職人の生活が呑み込まれていくかわりに、そのぶん会社で働いてもっといいもんを食えるようになったようなことを僕らは想像できます。

和田　コッローディってものすごい読書家なんですよ。だから産業革命の知識もあって、ああいう比喩も書ける。本人は機関車だってほとんど見たことがなかったはずなのに、これだけの比喩を書けちゃうのは才能ですね。

きっと知識や想像力で、速いことや新しいことがこれからの大事な価値になることがわかっていたし、自分はそれにはなじめないこともわかっていたんでしょうね。だからそれを恐怖として描いているわけです。

伊集院　なじめると、かえって書けないんじゃないですか。中に呑み込まれて安住すると、呑み込まれているかどうかもわからない。コッローディは世の中からはみ出ていたからそれが書けたんでしょうね。

世の波に乗れないストレスがときにギャンブルに向かえば依存症になってお金を使い果たすし、執筆に向かえばここまでのものを書けるということでしょうか。

「母を訪ねて三千里」とピノッキオ

和田　対照的に、同じ時代のイタリアで『クオーレ』という童話を書いた作者、エドモンド・デ・アミーチスという人には、そういう感覚がゼロなんです。これから社会は良くなっていくと素朴に信じて書いているんですね。

『クオーレ』という本には、日本でも有名な「母を訪ねて三千里」という物語が「今月のお話」として収められています。『ピノッキオの冒険』とほぼ同時期、三年遅れて出版されたのですが、先に売れたのは『クオーレ』のほうでした。

伊集院　面白いですね。

和田　二冊の本が出たのは、イタリアが王国として初めて統一国家になってまもない時期でした。

国ができたのはいいけれど、日本の明治時代と一緒で、異なる地方出身者がお互いどうやって話すのか、軍隊の命令はどういう言葉でするのか、といったことからして決まっていない。そういうレベルから、国づくりがはじまったわけです。

そんな状況だから、子供たちには、方言ではなく、共通語としてのイタリア語を教えなきゃならない。学校に行くことを教えなきゃならない。といっても、学校に幸福に通える子供なんてほとんどいない状況でもあった。トリノだけで二五万人とか三五万人とかいう子供たちが労働人口として存在するという現実があったのです。

そういうなかで『クオーレ』という物語は、親たちが子供に、学校に通うことは大事だよ、言葉を学ぶことは大事だよ、ということを教える手っ取り早い教材だったというわけです。

『ピノッキオの冒険』みたいに、読んだ親が当惑しなくていい。『クオーレ』の中では、子供からしたら「嘘」としか言いようがないような優等生的な反応をする主人公――にして語り手――の日記がずっと綴《つづ》られているんですが、親にとってはそのほうが都合良かったし、当時、本が買える社会階層というのは、豊かな人たちに限られていたわけです。

そういうところでは、ピノッキオ的な世界はやっぱり隠しておかないといけなかったんです。

伊集院　面白い！　本が買えるような上流階級の、あまり苦労していない人たちの家だったら、「母を訪ねて三千里」みたいなお涙頂戴《ちょうだい》がウケるわけですよね。悲しい子がいるんだよという物語も他人事《ひとごと》であって、「おまえはお父さんとお母さんがしっかりしているからこういう目に遭わなくてよかったな」って言えてしまう。

和田　『クオーレ』って、いわば上から目線の物語なんです。最初に「カラブリアの少年」という話が出てきます。少年は南イタリアから食い詰めて一家でトリノに移住してきて働いているかわいそうな子供です。その子をかわいそうと思ったら、ちゃんと施しをあげましょう、という視点に立っているんですね。

現実の世界でも似たようなことがありました。当時は建国の日に、王立劇場で建国の祝の町を挙げての催しがあった。その祝典行事では、イタリア中から出稼ぎでやって来ている貧しい家庭の子供たちが舞台に上げられ、この町トリノでは、イタリア中からやってきた立派な子供たちが立派な教育を受けて、愛国心を養われ、国にとって有用な人間に育っていると持ち上げられるわけです。だから王国ができて良かった、王様万歳、という話にしていくんですね。

伊集院　『ピノッキオの冒険』の中で「ぼくは生まれつき働くのに向いていないんだ」とピノッキオが言い出したとき、「俺も！」と思う子って必ずいると思うんです。そういう子供像と、真逆ですね。

和田　『クオーレ』の物語の日記の中では、そういうピノッキオ的な男の子が出てくると、途端に放校処分になったりする。物語から早々に抹消されてしまう。

だから『ピノッキオ』には、『クオーレ』からはみ出した人たちの物語が書かれていると言ってもいいかもしれませんね。

伊集院　『ピノッキオ』が大々的にヒットしたのは、どのタイミングなんですか？

和田　面白いことに、その『ピノッキオの冒険』が二〇世紀のファシズムの時代になってベストセラーになった。愛国心という点では、『クオーレ』のほうがストレートに描いているんですよね。でもその愛国心は、博愛主義的で軟弱な感じがあった。ファシズムの時代になると、それではたくましいファシスト少年は育たないという話になります。

そうすると『ピノッキオの冒険』のほうが覇気があっていいぞ、こういうたくましい子供たちが勇ましい軍人になってくれるし、同時代の日本で「少国民」と呼ばれたような愛国のファシストになってくれる、と。

伊集院　『ピノッキオ』がファシズムに評価されるのは複雑な気持ちになりますね。

和田　ところが実際は、『ピノッキオ』に期待したファシズムの文化政策担当者が読み違えたんですよ。
これでみんな勇ましく育ってくれると思ったら、読んだ子たちはそれから十数年後、ファシズム政権に対するレジスタンスを組織していくわけです。

伊集院　面白いですねえ。『ピノッキオ』を推奨した側は「ダメな奴も頑張ったら俺たちの一員になれるんだぞ」くらいに考えていたんでしょうね。深く読めてないんだ。

和田　そうそう。第二次世界大戦で連合軍がシチリア島に上陸し、半島にわたり北上してくるときに、イタリア国内でも「連合軍に先駆けて自力で一刻も早くファシストを排除しよう」ということになる。それでまだ十代の連中も山にこもって銃撃戦に加わっていく。その子供たちって、みんな『ピノッキオ』を読んでいる。『ピノッキオ』の破壊力は権力者たちの思惑を超えて、思いもかけなかった力を発揮するんですね。

伊集院　先生が最初に『ピノッキオの冒険』を読んだのはいつですか。

和田　六歳、小学校一年生のときです。当時、家で「少年少女世界文学全集」（講談社）を購読していて、その第一回配本が「南欧・東欧編」というくくりで、『ピノッキオの冒険』と『クオーレ』の両方が入っていたんです。

伊集院　ふたつ読んで、どうでした？

和田　圧倒的に『ピノッキオ』のほうが面白かった。読んでワクワクするし、ああいうハチャメチャな行動を自分もやってしまうかも、と思いましたね。だから『クオーレ』は肌に合わなかった。

伊集院　僕は、途中まで『クオーレ』みたいに育ったんですよ。
　それなりに裕福な家で、親の教育方針もきちんとしていて学校でも勉強ができた。だけど高校でドロップアウトするんです。高校中退で、世間に対して引け目しか感じないで生きていくようになる。

そのあたりからデオドラントされた物語があやしいと思うようになって、落語にハマりました。

立川談志師匠が、「業《ごう》の肯定が落語だよ。講談は赤穂《あこう》浪士の四七人の話だけど、落語は寸前で逃げた奴の話をするんだ」と言っていて、そういう世界が自分の心を打っていくんです。

先生が『ピノッキオ』に出会った感じは、それに似ていますね。

和田 そうですね。僕もいわゆる優等生でした。ただ、早生まれでとても小さかったこともあって、外から見たときの優等生イメージが自分にはけっこう邪魔くさかったし、ほんとうは違うのに……、という感じがありました。でも体力がついていかないので、それを身体で表現することができないような状態でした。

そういうときに『ピノッキオ』を読んでみたらとても面白くて、なにより解放感があった。ただ、誰から見ても優等生の自分と、『ピノッキオ』はいいなと思う自分と、どう折り合いを付けるかという問題は残りました。

それからしばらくして、ディズニー映画版も見ましたが、全然違うじゃん、と。当時からひねくれた少年だったのかもしれません。

ディズニーの『ピノキオ』から消えたもの

伊集院　やっぱり多くの人は、ディズニーの『ピノキオ』だけを見ているじゃないですか。

今回、ディズニー版のアニメを見返してみたんですけど、まあ、みごとにデオドラントされている。最初から女神様が登場して、ピノッキオに人間になるために頑張りなさいよ、という。起承転結はわかりやすいけど、原作に比べると、物語にワクワクしないというか、躍動感がないし、意外性もない。

和田　きれいに、まとまっていますよね。

伊集院　きれいになって、フリもオチもちゃんと整理整頓されている。

ディズニーのお陰でピノッキオの物語はさらに世の中で知られていくし、僕だって最初はそれで知ったわけだから、それは悪いことではないと思います。でも、映画とセットで原作を読んだほうがいい。

ディズニーが上手にディレクションしたことで、いったい何が切り落とされていったんだろう、ということをすごく考えます。

和田　端的に言うと、ディズニーで抹消されているものって、たとえば匂いだったり、埃《ほこり》だったり、そういうものなんですよね。生きていれば確実に感じとれるものがきれいにそぎ落とされた状態で、「どうぞ」って差し出されている。

もちろん、伊集院さんがおっしゃったみたいに、それでピノッキオを知っても全然かまわない。かまわないけど、埃や匂い、血まで含めてまるごと感じとれる原作があるんだから、それをちゃんと読んでほしい気持ちはありますよね。

ちなみに、二〇一九年に映像化されたマッテオ・ガローネ監督の邦題『ほんとうのピノッキオ』という映画は、原作の雰囲気をものすごく上手に表現しています。物語を読んでいて読者が感じる風景が、それこそ匂いも埃もひっくるめて、そのまま最初から最後まで映像化されている。

もうひとつ、ディズニー版『ピノキオ』と原作との決定的な違いは、ディズニーの描いたピノッキオには主体性がまったくない点です。

原作のほうは、最初から全部自分の意志で決めて行動して、大失敗をやらかす。たとえば原作では、ピノッキオは登校途中に誘惑に負けて人形劇を観に行きますよね。あれだってピノッキオが自分で決めたことです。でもディズニーでは、キツネとネコに言いくるめられて、人形劇団に売り飛ばされるという受け身の展開になっている。

伊集院 そうなんです。逆に、ディズニーの『ピノキオ』は、最初から目標がはっきりしすぎているじゃないですか。

人間になりたいという一貫した目標があって、人間になるためにしなければいけないこととか、失敗したらこうなるというところとか、すごくわかりやすいんです。でも原作の場合、最初から人間になろうという話ではないですよね。

和田 ないです。人間になろうと思うのはずいぶん後のことで、三六章あるうち、二五章目あたり。

伊集院　仙女と再び出会うシーンですね。

和田　そうそう。全体の三分の二くらいまで物語が進んで、ようやく人間になりたいという意志を示すんですね。でも、おっしゃるようにディズニー映画では、当然のように正しいこととして、最初から人間を目指すという前提ではじまっている。

伊集院　ディズニー版は、めちゃめちゃなバットの振り方はしていないので、よくヒットは打つ。でも途中で途轍もないホームランのシーンは出てこない。

　コッローディの『ピノッキオの冒険』のほうは全然道徳的じゃない。道徳的な意味合いを持つシーンもあるけれど、かすんでいますよね。

和田　道徳的なシーンは付け足しっていうか、オマケですよね。

伊集院　そうですね。コッローディがときどき「いけね、俺が書いているのは子供向けの物語だった、これ以上逸脱したらクビになるぞ」みたいなことをぎりぎりの地点で思い出して、道徳風味を入れてくる感じ。

　昔の日活ロマンポルノは、裸さえ出しておけば、作り手は自分の文学性を追求できたんですって。僕がすごく好きなのは、夢野久作《ゆめのきゅうさく》の原作を映画化した『瓶詰め地獄』です。要所要所、ハッと思い出したように、急に裸が入るんですけど、基本的にはおどろおどろしい話が展開して、エッチな気持ちになんてなれない（笑）。ただただ原作を映像化したいという熱がやたらに伝わってくるんです。

『ピノッキオの冒険』も、作者の中にあったはずの、これはちゃんとした子供向けの話にしなきゃ、ドタバタになり過ぎているから直さなきゃ、という揺らぎが感じられて面白いです。

　誤解を恐れずに言うと、その振れ幅が、後半あたりから少しおとなしくなっている感じもするんです。ピノッキオが「良い子」になっていくのを先生が「残念ながら」と評していたのを覚えています。

和田　仙女と話して、人間になりたいという気持ちが初めて芽生える場面ですね。

「ぼくにも人間になれるときがくるのだろうか……」

「きっとなれるわ。それにふさわしいとしめすことができたらね……」

「ほんとう？　ふさわしいとしめすには、なにをしたらいいの？」

「とても簡単なこと。いつもいい子でいるように心がけるだけ」


ここでピノッキオは、あなたの言うとおりにします、と仙女に約束するわけです。そしてなんと、学校に通いはじめてしまう。熱心に勉強もして、学校でも評判のまじめな優等生に変身してしまいます。

僕としては、がっかりです。読者の子供たちもきっとそうでしょう。自分たちの気持ちを代弁してくれる存在としてのピノッキオがこんなふうに聞き分けのいい良い子になってしまうんですから。

糸のきれたあやつり人形

伊集院　優等生になって、悪い友達と大喧嘩《おおげんか》をしたあとで老人と出会うシーンは、ちょっと涙が出そうになりました。

和田　大喧嘩では、悪ガキたちがピノッキオに投げつけた教科書が、仲間のひとりに当たって、その子が動かなくなってしまうんですね。

ピノッキオは、道すがら出会った老人から、少年の無事を伝え聞いたあと、教科書をぶつけたのはピノッキオという子らしいが、その子を知っているかと尋ねられる。その後がユニークですよね。

最初、ピノッキオはとても良い子だとほめちぎる。そうすると、鼻が伸びてしまう。それで慌てて「おじいさん、さっきぼくが言ったあの子のいいところはみんな忘れてください。だってピノッキオのことはよく知ってるんです。自分でも請け合えるくらいに。あいつは手のつけようのない悪い子です」と真逆のことを言うと、鼻が縮んでいく。

伊集院　そういう、揺れ具合がいいんですよね。

自分も昔に比べれば頑張っているし、こうありたいと思っているのに、鼻は伸びてしまう。そこで、いやまだまだ自分はダメなのかもしれないと否定し始める情緒不安定な感じがすごく好きなんです。

コッローディの方も揺れ動きます。悪ガキたちが教科書を投げるところ。


いたずらっ子たちは、このままからだをぶつけ合っていても、とても勝ち目がないことに業を煮やして、今度はなにか投げつけてやろうと思いついた。学校の教科書が入った包みをほどいて、片っぱしから次つぎ投げつけだした。習字練習帳に文法の本、『ジャンネッティーノ』、『ミヌッツォロ』、トゥールの『童話集』、バッチーニの『ひよこの思い出』、それから何やら教科書がいろいろと宙を飛んでいった。けれどあやつり人形は、すばしこくて鋭い目のおかげで、いつもすんでのところでからだをかわして、一冊だって本はあたらずに、どの本も頭上を飛び越え、みんな海に身を投げていった。

おどろいたのは魚たちだ。降ってくる本をなにか食べ物かと思って、群れをなして大急ぎで水面に上がったのだけれど、どこやらページか口絵かでもかじってみれば、すぐに顔をしかめて吐きだすありさま。まるでこう言いたいみたいだった。

〈こんなもの、食えたもんじゃない。おれたち、いつだって、もっとましなものを食ってるんだぞ〉

放り投げられた教科書の中には、コッローディ自身が書いた実在の本もたくさん交ざっている。これは自著の宣伝みたいな意味合いもあるかもしれないけど、むしろ教科書なんて役に立たない、俺の書いたものも含めて、というメッセージが込められていますよね。

和田　自分が精魂込めて書いた教科書を悪ガキたちに投げさせちゃうんですからね。しかも、海に落ちた教科書を見た魚に「こんなもの、食えたもんじゃない。おれたち、いつだって、もっとましなものを食ってるんだぞ」と言わせたりする。

コッローディはそうやって揺れ動きながらバランスを取っているんですね。ちょっと優等生に傾いたかと思ったら、それを茶化したり批判したりして、傾いた軸足を戻すわけです。

伊集院　僕はこのあたりを、泣きながら読みました。

　悪ガキたちは動かなくなった少年を見捨てて逃げてしまう。ピノッキオはなんにも責任がないのにその場に残ったために、憲兵に追われる。

　僕だったら、ピノッキオのようにその場に残ろうとしないと思うんです。それができるピノッキオはまだ人間にしてもらえないのに、その場に残った。おそらく逃げるはずの僕自身は人間なのか、みたいなことも思ってしまう。

　そして、なにより涙が止まらないのがラストシーンです。

和田　ピノッキオが本当に心を入れ替えて暮らすようになったある夜、仙女の夢を見る。その翌朝に人間の男の子になっている自分を発見するんですね。
　それからジェッペットに「元の、あの木のピノッキオはどこに隠れちゃったの？」と尋ねたあと、物語は次のように幕を閉じます。

　「ほら、そこにいる」

　ジェッペットはそう答えると、椅子によりかかっている大きな木の人形を指さした。見ると、頭を片方にかしげ、両腕をぶらんとたらし、足は二本とも曲がってからまっていた。これでよくいままでまっすぐ立っていられたものだ、とまったく不思議に思えてきた。

ピノッキオはふりむいて、しばらく人形を眺めていた。が、しばらくじっと見つめたあと、心の底からうれしそうに、こうつぶやいた。

「あやつり人形だったころのぼくって、なんておかしなかっこうだったんだろう。でも、いまは、こうしてほんとうの人間の男の子になれて、ほんとうにうれしいな！」

伊集院　このラストを読んで、衝撃が走りました。

ディズニーアニメしか知らないから、ピノッキオが人間になるというのは、みるみるうちに木の人形が人間の肉感を持っていく、そんなイメージしかなかったんです。

でも原作では、木の人形が取り残されている。

やっぱりここは、木の人形が残っていることに意味がありますね。あのころの自分は、どうしようもない時代を過ごしていたんだな、という感覚。それはコッローディの人生の象徴でもあるわけじゃないですか。だから、全部が消えるのではなく、何かが残っていてほしくもある。

和田　このラストシーンを子供たちはどう受け取ったかと考えると、簡単ではありません。

ピノッキオが人間になれてよかったと思うと同時に、物語の中でずっと親しんできた人形のピノッキオがそこにぽつんと置かれていることに、一抹のさみしさも感じるでしょう。破天荒で失敗ばかりしていたピノッキオがいなくなってしまうことの喪失感もあったかもしれません。

伊集院　僕が初めてラジオをやったのが一九歳のときで、そのころのテープを聴いていると、ひどいもんですよ。よくこんなしゃべりで一時間も二時間も番組をやっていたなと思います。

二五歳のときにそのテープを聴いたら、消したくてしょうがなかったんです。でも、いま五四歳になって聴くと、まあ、俺もよくやってたよ、と思う。

あのときの、コンプレックスの塊だった自分が世間を憎んで、誰も聴いていないだろうと思いながらしゃべっていたトークの良さみたいなことは、今の自分が技術で再現できるものではないんですね。

間《ま》もとれなければ、表現も足りていない。だけども世間というものに対する怒りと、俺の話を聞いてくれというパワーのみなぎる放送を収めたテープが、ピノッキオの残骸《ざんがい》と重なるんです。自分も、そのテープを消そうと思ったことはないんです。

和田　このラストシーンは僕も大好きです。読んでいる自分の気持ちとしては、人間になった少年じゃなくて、抜け殻のほうに自分を仮託しているところがあります。ましてや、実際自分が七〇歳ともなれば、なおさらです。もう残り、あとどのぐらい生きられるかわからないんだから（笑）。

そうしたら木の人形のほうに気持ちは傾きますよ。

伊集院　きっとそうですよね。人間になったほうのピノッキオに対して思うのは「まあ、幸せにやってくださいな」ぐらいの話で、その後の彼をもっと見ていたいかというとそうでもない。真っ当に生きるんでしょうね、と。

和田　そうそう。もう放っておいてもいいやって。

伊集院　最後の「あやつり人形だったころのぼく」という言葉にも、僕自身の思いがいろいろ浮かんでしまいます。

たとえばテレビの中のタレントは、規制や制限や要望の詰まった台本やカンペという糸でつながれた、ディレクターの「あやつり人形」です。

でも、人気が出ると、だんだん自由に喋ることができるようになります。「あの人が自由に喋りたいことを聞きたい」となるからです。話術を使って台本の台詞《せりふ》に自分の意見をうまく盛り込むこともできるようになります。でも、ふと、がんじがらめの隙間でなんとか自分の意見を喋ってやろうと、怒られながら滑りながら頑張っていた、下手くそだったころの自分を認めてやりたいとも思うのです。

ピノッキオは、意思があるあやつり人形ですもんね。意思がある人形だから、少しでも操られたくない。そのあたりに自分を重ねる人も多いでしょうね。

和田　物語を通じて、「あやつり人形」という言葉は何度も出てくるんですね。

このラストシーンは、いたずらっ子のあやつり人形がいろんな試練を経て、立派な男の子になるとも読める。けれども、僕には逆に、「良い子」になることで、大人のあやつり人形のようになってしまっているんじゃないかという思いもあります。

荒唐無稽な物語に見えるけれど、意思を持ったあやつり人形であるピノッキオは、わたしたち人間を体現しているように思えてなりません。

伊集院　……最後にきて、胸に刺さる言葉です。

あとがき

まずはなにより、拙著を最後までお読みいただきましてありがとうございました。

そして今回も、『おくのほそ道』の長谷川櫂先生、『ペストの記憶』の武田将明先生、『ピノッキオの冒険』の和田忠彦先生。お忙しい中で割いていただいた貴重なお時間なのに、聞けば聞くほど、聞きたいことが増える無知な僕の無限地獄に延々とお付き合いいただき感謝に堪えません。

この本のもとになったのは、気がつけば一〇年以上にわたって出演させていただいている、NHK Eテレの「100分de名著」というテレビ番組です。

毎月一冊の名著を題材に、一週間に一回の二五分×四週の一〇〇分をかけて、専門家の先生に読み解いていただくという趣旨のこの番組。僕は「誰もが知る名著をまったく読んだことのない人」代表として、名著を未読のまま参加しています。これは番組制作サイドの、「無知な男がひとりいれば、読書家の視聴者にはより丁寧に、たまたま未読の方にもわかりやすく伝わるであろう」という目論見《もくろみ》からのキャスティングです。

そこで出会った名著を、番組収録の終了後に読み込んだ上で、あらためて先生方と対談させていただいたものを書籍化したのがこの本です。


実のところ、この本の出版予定日はもう少し早く設定されていたのですが、僕の個人的事情で少し遅れてしまいました。というのも、各先生方と対談を済ませ、細かい編集、修正に入った二〇二二年の秋口のこと。師匠である六代目三遊亭円楽《さんゆうていえんらく》が他界しました。

相次ぐ大病から長い療養期間を経て、心の底から回復を望んではいたものの、どこか覚悟もできていたところもあり、思ったよりも動揺もせずに弟子としての務めもそれなりにこなし、日々の仕事を続けておりましたが、どうしても原稿が手につかない。対談部分のちょっとした修正、「まえがき」、この「あとがき」程度の仕事がまったく手につかない有様《ありさま》。

そもそも自分の怠け癖を師匠のせいにするのは絶対にやめようと、自分自身に落ち込むことを禁じていたような面もあったのですが、原稿がどうしても書けない。

何を言ってるんだ、師匠のことがなくてもちょいちょい雑文の締切を守れないことがあるじゃないか、いい加減にしやがれ……でも書けない。

そんな、ある休みの日。正確には原稿があるから休みではないのだけれど、急にテレビの仕事が飛んでしまった日。このまま家にいてはまたぼんやりと日を潰《つぶ》すだけになってしまうと、思いつきで東京駅に行き、その時点で時間の塩梅《あんばい》のいい新幹線に乗って一泊二日の旅に出ることに。この思いつきの旅は、ことさら躁《そう》なときと、鬱《うつ》なときにやることがあります。

ちょうどいい時間に来たのは、北陸新幹線。なんの気無しに石川へ。意味もなく輪島《わじま》に行って、飯屋に入ると「今がのどぐろの旬のど真ん中だよ」とおばさんに言われるままに食べ……もう他にやることはない。いちおう金沢の兼六園《けんろくえん》に行き、「ああ兼六園だなあ」と思ってから、スマホのアプリで今夜の宿を探すと、今から泊まれる宿が高級旅館ばかり。困っていると兼六園から少し外れたところに安宿を発見しました。

小さな部屋のほとんどを占めるシングルベッドに横になり、「明日は早々に帰ろうか、駅に出るにはどんな手があるか」とスマホをいじっているとそこにあったのが「願念寺《がんねんじ》

（松尾芭蕉の句碑）北東150m」との文字。

よく読むと、松尾芭蕉が『おくのほそ道』の中で立ち寄った、一笑の墓がビジネスホテルのすぐ横の願念寺という寺にあり、この本の中でも触れた、芭蕉が一笑への思いを詠んだ句が石碑に刻まれているといいます。

路地を歩いた先にある小さな寺。誤解を恐れずに言うならば、寺町の中の何の変哲もない寺。朝早かったこともあり観光客もいない。門の横の石碑に、

つかもうごけ我《わが》泣《なく》声は秋の風　芭蕉

突然泣けました。涙が止まらなかった。芭蕉が、石川にいた一笑が死んでいたことを知って、悲しみの中でこの句を詠んだことは長谷川先生に教わってすでに知識の中にありました。シチュエーションが完全にシンクロするわけではありませんが、でも僕もここで初めて泣いたことで、師匠円楽が、いま旅立った感じがしました。

さきほどのビジネスホテルに戻り、宿泊の延長を申し出て、原稿を書きまくりました。マネージャーに書き上がった原稿を送り、驚かれると（まったく期待されていなかったことが

よくわかります）、美しい兼六園を通って駅へ。

帰宅すると僕の放浪に慣れている妻が、

「どこに行ってたの？」

「例のいきあたりばったりの旅で、金沢に行ったよ。のどぐろが美味《うま》かったよ！」

そう言うと、「よほど美味《おい》しかったのね」と笑われました。

あ、最後に編集陣、マネージャーも、遅い原稿を待ってくれて本当にありがとう。

伊集院　光

対談構成　斎藤哲也
イラスト　丸山一葉
デザイン　國枝達也
協　　力　NHK「100分 de 名著」制作班

伊集院 光（いじゅういん　ひかる）
1967年生まれ。84年に三遊亭楽太郎（六代目三遊亭円楽）に弟子入りし、落語家・三遊亭楽大として活動。87年ごろから伊集院光としてタレント活動をはじめ、「伊集院光のオールナイトニッポン」（ニッポン放送）、「伊集院光 深夜の馬鹿力」（TBSラジオ）といったラジオ番組のパーソナリティをつとめる。2012年よりNHK Eテレ「100分de名著」に出演。『世間とズレちゃうのはしょうがない』（養老孟司との共著、PHP研究所）、『のはなし』（宝島社）などの本も出版している。

名著《めいちょ》の話《はなし》　芭《ば》蕉《しょう》も僕《ぼく》も盛《も》っている

2023年３月23日　初版発行

著者／伊《い》集《じゆう》院《いん》光《ひかる》

発行者／山下直久

発行／株式会社KADOKAWA
〒102-8177　東京都千代田区富士見2-13-3
電話　0570-002-301（ナビダイヤル）

印刷所／大日本印刷株式会社

製本所／本間製本株式会社

●お問い合わせ
https://www.kadokawa.co.jp/（「お問い合わせ」へお進みください）
※内容によっては、お答えできない場合があります。
※サポートは日本国内のみとさせていただきます。
※Japanese text only

定価はカバーに表示してあります。

ISBN 978-4-04-400716-4　C0095

名著の話　僕とカフカのひきこもり

伊集院光

「この孤独わかるよね」
——本の話をすると、もう孤独じゃなくなってる。

NHK「100分de名著」で出会った約一〇〇冊より、伊集院光が、心に刺さった三冊を厳選。名著をよく知る三人と再会し、時間無制限で新たに徹底トークを繰り広げる、100分de語りきれない名著対談、第一弾!

- ■川島 隆（京都大学准教授）と語る、カフカ『変身』
- ■石井正己（東京学芸大学教授）と語る、柳田国男『遠野物語』
- ■若松英輔（批評家、随筆家）と語る、神谷美恵子『生きがいについて』

単行本　ISBN：978-4-04-400559-7